시간의 흐름 속에서

시간의 흐름 속에서

2025년 11월 20일 초판 1쇄 인쇄 발행

지은이	강의정
펴낸이	박종래
펴낸곳	도서출판 명성서림

등록번호	301-2014-013
주소	04625 서울시 중구 필동로 6 (2, 3층)
대표전화	02)2277-2800
팩스	02)2277-8945
이메일	msprint8944@naver.com

값 15,000원
ISBN 979-11-7439-062-2

본 책의 구성 및 맞춤법, 띄어쓰기는 작가의 의도에 따랐습니다.
이 책의 저작권은 저자와 도서출판 명성서림에 있습니다. 무단 전재 및 복제를 금합니다.
이 책 내용의 일부 또는 전부를 재사용하려면 반드시 저자와 도서출판 명성서림의 동의를 얻어야 합니다.
파본은 구입처에서 바꾸어 드립니다.

시간의 흐름 속에서

강의정 수필집

도서출판 명성서림

머리말

세월 따라가기

　철없는 아이가 시간의 흐름 속에서 허우적거리며 달려왔다. 별별 일을 다 구경하고 겪으며 세월과 지냈다. 어린 나이에 집안일에 휩싸여 휘몰린 탓인지 고운 꿈을 펼쳐 이룰 틈도 없었다. 어려운 일이 닥치면 피하던지, 어쩔 수 없으면 숨죽이고 체념했다. 그러다 보니 다른 꿈을 펼치지 못한 채 세상이 시키는 대로 그냥 살아왔다.

　마음의 여유가 없었는지 글쓰기는 나와는 거리가 멀다고 여겨 내 생각을 펼칠 엄두도 내지 못했다. 느낄 줄도 모르고, 때론 느끼지도 못하면서 가 보지 않은 낯선 곳에서 온갖 역경을 겪으며 지내왔다. 이런저런 번뇌로 헤어날 수 없는 지경에 빠져 헤매며 탈출구를 찾지 못해 당황했다. 답답함을 해소할 치료제를 찾아 늘 헤맸다.

　몇 날 며칠을, 글과 함께 살아온 작가들의 수필을 읽었다. 그들의 철학, 고뇌, 기쁨의 글은 혼란 속에 잠들어 있는 내 영혼을 흔들었다. 그들과 공감하면서 나도 글쓰기를 시도해, 미로에서 헤매는 나를 깨우고 마음에 쌓인 잡동사니를 덜어 내고 싶었다.

　나를 드러내야 하니 글쓰기는 어려웠다. 내가 내 이야기를 남 앞에 끄집어내 말하는 데는 큰 용기가 필요했다. 무엇보다도 글을 제대로 쓰지 못하면서 수필가 틈새에 끼어 글을 써 낼 수 있을지 두려움이 앞섰다. 이런 어려움에도 불구하고 용기를 냈다.

　글솜씨가 부족하고 서툴러도, 흐릿해진 과거의 나를 끄집어내 존재를 확인하니 속이 후련해졌다. 놀랍게도 불편한 속내를 편안하게 치료해 주니 기뻤다. 드디어 불안을 해소해 줄 탈출구를 찾아냈다. 글은 마음을 나눌 수 있는 친구임을 뒤늦게 깨닫게 됐다. 이제 돌이켜 보니 헛되이 보낸 젊은 시절이 몹시 아쉬웠다.

　모든 감정을 있는 대로 표현한다는 각오로 글쓰기를 시작했다. 내가 힘들고 슬플 때, 삶이 버겁다고 느껴질 때, 복잡한 일을 정리하고 싶을 때마다 그대로 표현하려 했다. 그것이 글 쓰는 사람의 기본 마음가짐이라고 생각되어 누구나 공감할 수 있는 진솔한 글을 쓰고 싶었다.

　안타깝게도, 나이가 너무 들다 보니 의욕은 있어도, 젊음이 지나가 버려 정열은 모두 타버리고 재만 남아 있다. 그 꺼진 불씨를 살려 내기가 참 버거웠다. 안간힘을 다해 애썼으나 미흡해 안타까웠다. 그래도 부족함을 무릅쓰고 내 인생살이를 쏟아 냈다. 그리고는 화롯불에 밤 굽는 엄마 옆에서 익기를 기다리는 아이처럼 초조해 가슴 조아린다. 바라건대, 누구나 고개를 끄덕여 줄 수 있는 글이기를 기대해 본다.

강의정

추천사

원로 교육자의 인생 고백
- 강의정 수필집 『시간의 흐름 속에서』

유 자 효 (전 한국시인협회 회장)

    강의정 선생은 평생을 교육에 헌신하신 분이다. 중·고등학교 교장을 지냈으며 서울중앙지방법원 조정위원도 역임했다. 국무총리 표창과 SBS 교육자대상도 받은 한국교육계의 지도자시다. 이런 교육계의 원로가 글쓰기를 시작해 첫 수필집을 내게 되었다.
    요즘 한국 문단에 제2의 인생을 문학으로 시작하는 분들이 늘고 있다. 나는 이런 현상을 노년 문학시대의 도래라고 부른다. 우리 사회의 각계각층에서 일하던 분들이 은퇴 후에 시작한 글쓰기에는 젊은 문인들이 도저히 따라오지 못하는 자산이 있다. 그것은 시간이 준 경험의 보고寶庫다. 강의정 선생의 글에도 교육 현장을 누비며 겪은 체험들이 큰 자산으로 글의 주요 소재가 되고 있다.
    강의정 선생은 교육계의 원로시지만 문단에서는 신인이다. 그만큼 글이 신선하다.
    강 선생 글의 가장 큰 힘은 엄격한 정직성이다. 독립유공자였던 아버지의 좌절과 어려웠던 어린 시절, 남편과의 만남과 사별, 자신의 신병과 극복 등이 생생하게 그려져 있다. 따라서 이 책은 강 선생의 일대기와도 같다.

정직하게 쓴 글은 독자들을 감동시킨다. 사실에 바탕한 글의 내용이 무척 재미있고 잘 읽힌다. 이것은 강 선생 글의 큰 강점이다. 소녀 시절부터 오늘에 이르기까지 굴곡 많은 시대를 끌어안고 걸어온 한 원로 교육자의 생애는 우리에게 큰 울림으로 다가온다.

강 선생은 대학 시절에 우리나라에서 수필을 문학 장르이게 한 금아 피천득 교수에게 영문학을 배웠다. 그 영향이 60년이 지난 오늘 한 권의 수필집으로 나타나는 것을 보며 문학의 신비로운 힘을 느낀다.

나는 이 책이 널리 읽혀 많은 이들의 가슴을 적셔주기를 바라마지 않는다. 그리하여 문제 많은 이 시대를 사는 한국인들에게 위로와 격려가 되기를 바라는 것이다.

1부 가 보지 않은 길

어린 날의 내 보물 • 14
아버지의 뒷모습 • 19
가 보지 않은 길 • 23
마음의 등불을 잃었지만 • 27
작은 희망 • 32
새해의 바람 • 36

2부 함께 나누는 기쁨

세월이 쌓은 정 • 42
우리의 스승 피천득 교수님 • 46
내 친구 갑순이 • 51
1박 2일의 만남 • 55
함께 나누는 기쁨 • 60

3부 홀로 선다는 것

나는 어떤 교사였나 • 66
일에 미쳐 지냈던 날들 • 71
홀로 선다는 것 • 76
간사한 마음 • 80
나도 한번 해 보고 싶다 • 84
작가는 인공지능과 협업할 수 있는가 • 88

4부 그때 그 집

우리는 그렇게 만났다 • 94
철부지 새댁의 하루 • 99
그때 그 집 • 103
애주가와의 삶 • 107
목멱산 의자 • 111

5부 끝없는 보수

감나무 • 118
끝없는 보수 • 123
내 기둥 • 127
그래도 그때가 좋았다 • 130

6부 위로의 노래

위로의 노래 • 134
어찌 이런 좋은 일이 • 138
어쩌다 만난 사이 • 143
나 결혼했어요 • 147
매일매일 살기가 벅차다 • 151
사라져 가는 삶 • 155

7부 영국에서 한 달 살기

영국에서의 첫날 · 162
벨 대학에서 · 166
숨을 멈추게 한 케임브리지에서 · 170
캠 강에서 펀팅 하기 · 175
런던, 버킹엄 궁전 · 180
런던 템스강과 타워 브리지 · 185
웨스트민스터사원, 빅벤, 국회의사당 탐방하기 · 189
왕세자빈 다이애나와 발레 지젤 · 193

1
가 보지 않은 길

어린 날의 내 보물

먹구름이 하늘 가득 덮여 있더니 비가 세차게 내리기 시작했다. 줄줄 흘러내리는 땀을 선풍기로 간신히 식히고 있던 참이라, 비가 주룩주룩 내리니 훨씬 시원해졌다. 세차게 내리치는 비를 멍하니 바라보다가, 불현듯 어린 시절 폭우 속에서 쩔쩔매며 등교했던 어린 내가 떠올랐다.

그날은 유난히 무더워 식구들이 마루에 앉아 부채질로 더위를 식혔다. 땀이 줄줄 흐르고 숨이 탁탁 막혔다. 때맞추어 장대비가 쏟아지기 시작했다. 퍼붓는 비는 툇마루까지 물이 튀어 엄마는 부리나케 이것저것 챙기느라 바빴다. 아버지는 시원하다, 시원하다고 연거푸 외쳤다. 툇마루에 앉아 처마 밑으로 떨어지는 빗소리에 맞춰 나는 콧노래를 흥얼거렸다. 주룩주룩 내리는 비는 학교에서 상처받아 아팠던 어린 마음을 깨끗이 씻어 주고 어루만져 주는 듯했다. 나는 방에 들어가 책상 밑에 깊숙이 두었던 우비와 장화를 꺼냈다. 어린 마음에 누가 가져갈까 두려워 감춰 두었던 보물이었다. 며칠 전 엄마를 졸라 샀던 우비에 예쁜 장화를 맞춰 신고 학교에 가 보고 싶었다.

초등 3학년 말경 장충동 J 교에서 광화문 D 교로 전학 갔다. 전학 간 학교생활은 힘들었다. 학년을 달리해 전학했으니 교과마다 어려워 이해하기가 힘들었다. 모든 환경이 낯설어 불편했고 친구도 없어 외로웠다. 사립학교가 없던 옛날 그 시절에 전국에서 제일 좋다고 소문난 학교였다. 부잣집 똑똑한 자제들이 기초 학력은 물론 각자의 재능을 찾아내 갈고 닦기 위해 모여드는 학교였다. 어리벙벙한 나는 쉽게 적응할 수 없었다. 이 학교에 전학시킨 아버지가 원망스러웠다. 더욱 안타까운 것은, 전학한 지 얼마 후 아버지 낙선과 사업 실패 소식이 들려왔다. 온 집안이 어수선해지더니 웃음소리는 사라지고 한숨짓는 소리만이 번졌다. 어린 나는 혼란에 빠져 집에서도 힘들었고 학교도 가기 싫었다. 나는 외톨이가 되었다. 그런데 나를 더욱 속상하게 했던 일은 엄마들이 교실에 자주 들락거렸는데 우리 엄마는 한 번도 오지 않았다. 나는 서운했지만 아무렇지도 않은 척했다. 그런데 어린 마음을 아프게 했던 일이 또 생겼다.

비가 억수로 쏟아지는 날이었다. 종로구 통의동에서 광화문 D 초등교까지 먼 길을 걸어가야 했다. 길은 걸어도 걸어도 끝이 없었다.

학교는 가야 하니 무작정 걸었다. 한 손에는 우산을 들고 다른 손에는 가방을 질질 끌고 갔다. 학교에 도착할 즈음 옷은 흠뻑 젖어 있고, 신발은 물이 가득 차 질척질척해 물이 줄줄 새어 나왔다. 간신히 교문 앞에 도착했다. 화단에 가지런히 핀 채송화, 봉숭아, 백일홍은 깨끗이 세수한 듯 말끔한 모습으로 나를 반겼다. 추레한 내 모습이 부끄러웠지만 교실로 들어갔다. 온몸이 거의 젖어 친구들에게 보이기가 부끄러워 속상했다. 친구들이 흠뻑 젖은 나를 안됐다는 듯 바라보고 있었다. 이런 모습을 친구들에게 보이고 싶지 않았다. 교실에는 예쁜 우비와 장화가 즐비하게 놓여 있었다. 그 예쁜 물건들은 나를 비웃듯이 반짝반짝 빛나고 있었다. 어느샌가 눈물이 주르륵 흘러내렸다. 눈물을 보이지 않으려고 눈을 꼭 감고 이를 꽉 물었다. 그래도 눈물이 쉴 새 없이 흘러내렸다.

부모님은 내가 그 먼 길을 우산 하나만 쓰고 걷는 것이 힘든지를 왜 몰랐을까. 바로 학교 앞에 살 때처럼 아무 불평 없이 다니니 잘 다닌다고 생각했나 보다. 그렇지만 복잡한 길을 걷다가 자전거에 부딪혀 다리를 크게 다치기도 했다. 나는 자기의 불편을 말할 줄도 모르고, 말없이 지내는 것이 당연하다고 생각하는 말이 적은 아이였나 보다. 아니면 집안 형편이 어려워져 말하지 못했을지도 모른다.

방과 후 비에 젖은 신발을 간신히 걸쳐 신고 발은 퉁퉁 부은 채 집으로 갔다. 마루에 가방을 내동댕이치고 참아 왔던 눈물을 펑펑 쏟으며 엉엉 울기 시작했다. 온 식구가 다가와 이유를 물었다. 그들을 보기도 싫어 신발을 가리키며 악을 쓰고 울었다. 항상 조용했던 아이가 난리를 치니 큰일이라 여겼는지 식구들은 끊이지 않고 우는 나를 달래느라 애썼다. 나는 우비도 장화도 없으니 갖고 싶다고 외치고 외쳤다. 엄마는 미안하다고 연거푸 말하며 끝없이 울어대는 나를 달래느라 애썼다. 대꾸는 하지 않았지만, 나는 엄마와 아버지가 그렇게 미웠던 적은 없었다.

다음 날 엄마는 내 손을 잡고 부리나케 시장에 가서 우비와 장화를 샀다. 밤에는 이불 속에 껴안고 가슴 두근거리며 꿈속에 빠졌고, 낮에는 책상 밑에 아무도 보지 못하게 감춰두었다. 학교는 방학이지만 비가 오니 우비와 장화를 챙겨서 아무 말 없이 학교로 향했다. 그렇게 멀던 학교가 더 이상 멀지 않았다. 친구들은 없었지만, 꽃들에게라도 우비와 장화를 자랑하고 싶었다.

어린 시절 기억 때문인지 비만 오면 나는 우비를 즐겨 입었다. 오늘도 비가 심하게 오니 역까지 걸어가려고 우비를 챙겨 입었다. 비가 억수로 쏟아져도 아무 걱정이 없었다. 오늘은 느긋하고 편안한 마음으로 역으로 걸어갔다.

홀연히 어릴 적 아픈 추억이 파노라마처럼 스쳤다. 가는 길목에서 어느 집 추녀 밑에 서 있는 어린 나와 만났다. 어린 마음을 아프게 했던 일이라 그런지 수없는 세월이 흘러간 지금도 그때의 일이 생각나면 마음이 짠해졌다. 추녀 밑에 있는 아이에게 달려가, 입고 있던 우비를 벗어 입혀 주는 정겨운 모습을 상상해 보았다. 나는 우비를 입고 있는 아이의 모습에 뿌듯해졌다. 어릴 적 나를 달래 주었으니 이제 아이는 더 이상 우는 일은 없으리라 여기며 서둘러 발길을 재촉했다.

 ## 아버지의 뒷모습

2017년 6월 중순, 국가보훈처에서 등기우편이 왔다. 관련 없는 곳에서 온 것이라 의심과 호기심으로 우편물을 열었다. 아버지가 제72주년 광복절에 독립유공자로 선정됐으니 서류를 제출하라는 안내장이었다. 너무 놀라 가슴이 쾅쾅 뛰기 시작했다.

국가보훈처는 성북구와 한성대학교 산학협력단이 공동 연구한 결과 발표를 확인했다. 성북구 항일 독립운동가에 관한 조사와 연구 과정에서 일제 시절의 수행기록과 판결문이 나왔고, 신문 기사를 통해 8명의 성북구 관련 애국지사를 포함한 총 96명의 독립운동가를 발굴해 냈다는 사실이 알려졌다.

어느 날 새벽, 아버지는 전쟁이 났다고 했다(6·25 전쟁). 폭격 소리에 놀라 깼는데 어리둥절해 어른을 따라 서둘러 밖으로 나갔다. 뒷골목에 가니 집 한 채가 밤새 폭격으로 사라졌다. 한낮이 되니 인민군 십여 명이 집에 나타나 구둣발로 마루에 올라오더니 발길질하며 방마다 뒤져 아버지를 찾았다.

겨울이 돼서야 아버지는 집에 돌아왔다. 1·4 후퇴(중공군 공세로 정부가 서울에서 철수)로 피난해야 한다고 했다. 서둘러 피난길에 올랐다. 부산 피난 길에는 어른도 아이도 머리나 등에 짐을 진 채 끝없이 줄지어 걸어갔다. 지붕 위까지 사람을 빼곡히 실은 기차는 느리게 갔다. 온 세상은 사람들의 아우성으로 가득 찼다. 온갖 난리 북새통을 겪고서야 간신히 부산에 도착했다. 단칸방에 수십 명이 빼곡히 앉아 피난살이를 했다. 나는 쪼그리고 앉아 잠에 빠지곤 했다. 제대로 먹지 못하고 좁은 공간에 살다 보니 얼핏 하면 싸움이 벌어졌다. 싸움 구경하다 보면 한나절이 지나갔다. 굶주리고 잠잘 곳 없는 고난의 날을 보내고 서울이 탈환되면서 집으로 돌아왔다.

문짝이 모두 떨어지고 쓰레기 더미와 먼지로 가득 차 황량하기만 했던 우리 집은 온 가족이 새벽부터 종일토록 몇 날 며칠을 정리하면서 제 모습을 찾았다. 어린 나도 심부름하느라 이리저리 왔다 갔다 하며 바빴다. 봇짐 책가방을 메고 다니던 피난 학교를 끝내고, 드디어 가방 메고 서울 학교로 등교했다.

아버지가 일을 시작하면서 활기가 돌았다. 갑자기 아버지 친구들이 매일 찾아왔고 밤늦도록 소리 높여 시끄럽게 떠들었다. 국가 일에 관심이 많던 아버지는 국회의원에 출마했다. 한동안 집 안에 사람들로 시글시글했다. 우리는 손님을 대접하느라고 쉴 새가 없었다. 이런 북새통이 지났는데, 아버지 낙선 통보가 날아왔다. 아버지는 넋이 나간 듯 움직이지 않았다. 그날 이후 집 안은 조용해졌다. 때로는 적막감마저 느껴졌다. 갑자기 형편이 어려워져 그 집에서 살 수 없어, 한 독지가의 도움으로 동대문으로 이사했으나 그곳도 법원으로부터 가압류되더니 완전히 파산하게 되었다.

중학생 때는 부모에게 불만이 많아 철없게도 우리 부모가 아니기를 원했다. 고교생이 되어 철이 들면서 아버지의 처지와 고민을 이해했다. 그러나 늘 불만을 말하는 아버지와 마주 앉아 말하기 싫었다. 아들이 없는 것, 사업 실패, 국회의원 낙선, 일본 놈들은 나쁜 놈들이야, 죽일 놈들이야, 내가 원수를 갚았어야 했어. 낡은 레코드판이 빙빙 돌아가듯이 반복되는 이 한의 넋두리는 아버지와 함께 늘 내 머리에 뱅뱅 돌았고, 지금도 번득 떠올라 가슴을 찌른다.

자식들이 모두 딸이라, 자식들 출생 이전의 일이라, 아니면 바깥 활동으로 바빠 가족과 대화할 시간이 없었는지 알 수는 없었다. 본인이 항일투쟁을 했다는 사실을 말하지 않고 오직 일본에 관한 불만과 비판만을 했다. 철없는 자식들은 아버지의 심정을 헤아리지 못했고 가족과 함께하지 않는 아버지를 원망만 했을 뿐이었다.

나는 모르는 사실이지만, 정부 독립유공자 공훈록을 옮겨 적으면 다음과 같다.

"아버지는 1944년 7월 하순 종로구 명륜동에서 콩나물 공장을 운영. 신문을 통해 일본 전시상황 주시함. 사이판이 함락되고 도조 내각이 사퇴했으니 한국독립이 임박했다고 언급. 미국에서는 서재

필 박사 등이 한국독립을 위해 활약하고 있음을 홍보. 미국 군대가 상륙하면 우리는 무기는 없으나 죽창을 만들어 일본인 한 사람이라도 죽여야 한다고 직원들을 설득. 이 사실이 발각되어 같은 해 9월 일본 경찰에 체포됨. 1944년 11월 1일 경성지방법원에서 육군형법, 해군 형법 및 조선임시보안령 위반으로 징역 1년 6월을 언도받음. 불복하여 같은 달 4일 상고했으나 1945년 2월 8일 경성복심법원에서 기각됨. 징역 1년 6개월이 확정됨. 그 이후 서대문 형무소에서 옥고를 치름. 정부는 2017년 건국포장을 추서함."

국가에 헌신한 애국지사와 열사를 알고 있지만, 그분들을 역사적 인물로 이해했을 뿐이었다. 하지만 아버지의 항일투쟁은 큰 아픔으로 다가왔다. 어려움 속에서 혼자의 힘으로라도 나라를 구하겠다는 아버지의 염원은 누구와도 함께하지 못했다. 가족에게도 이해받지 못한 채, 오직 나라만을 생각하며 평생을 투쟁해 왔다. 온갖 고통의 한을 가슴에 안고 묵묵히 평생을 살아온 것을 생각하니 나는 할 말을 잃고 고개를 숙인다. 슬프게도 아버지는 지병으로 고생하시다가 1964년 1월 5일 60세에 세상을 떠나셨다. 그리고 반세기가 지나서야 아버지가 항일투쟁을 하신 일이 세상에 알려졌다. 평생을 노력했으나 한을 안고 떠나신 아버지를 생각하니 가슴이 저려온다. 그가 굳은 애국심을 접은 채, 삶의 목표를 실현하지 못하고 세상을 떠난 사실을 생각하면 지금도 가슴이 저려온다.

가 보지 않은 길

초등생 시절 어느 날 아버지가 출장에서 오랜만에 돌아왔다. 지프차에 냉동 새우를 싣고 와 좋아서 받아 들고 부리나케 부엌으로 달려갔다. 엄마는 새우가 녹을 때까지 기다리자고 했다. 아버지와 엄마는 마주 앉았다. 그는 계속 말했지만, 그녀는 무덤덤했다. 나는 먼발치에서 가슴 조아리며 그들을 살폈다. 얼마 만에 만나는 남편과 아내인데 따뜻한 눈빛도, 다정한 말도 나누지 않았다. 다행히 다투는 큰 소리는 없었다. 그와 마주 앉아 있는 것이 불편했는지 엄마는 벌떡 일어나 부엌으로 갔다.

애국한다며 늘 사회 활동에만 몰두하는 남편을 평생 뒷바라지하고, 남겨진 가족 뒤치다꺼리는 모두 그녀의 몫으로 남겨져 가사만 건사하며 살았다. 엄마가 집에서 일하는 모습은 나에게는 익숙했다. 그래도 아버지가 온 날은 다르리라고 생각했지만, 집안일이 끝나자 여느 때처럼 원불교 신자인 엄마는 늘 앉았던 자리에서 조용히 불경을 펴 읽었다. 오늘따라 그 모습은 왠지 슬프고 외롭게 보였다.

고교생이 되어서 아버지는 모처에 다른 가족이 있다는 사실을 알았다. 그것을 듣는 순간 가슴을 주먹으로 세게 얻어맞은 듯 아파, 엉엉 울었다. 남들은 작은 일도 속상해 불만을 말하는데, 온갖 역경의 세월 속에서 용서할 수 없는 일이 많았을 텐데, 불평도 포기한 채 고통을 가슴에 안고 살아온 엄마가 어린 눈에도 가여웠다. 마지못해 가족을 위해 집안 살림은 했지만, 그 이외의 일에는 의미가 없는 듯했다. 오직 원불교 예배와 기도만이 유일한 생명줄이었다. 아마 종교가 없었으면 살아남지 못했을 것이다.

대학에 입학하자 엄마는 원불교에 함께 나가기를 원했다. 핑계도 대지 못하고 마지못해 뜻을 따랐지만 적응하지 못해 물 위에 떠도는 기름처럼 빙빙 돌다가 왔다.

어머니는 93세 영면할 때까지 나와 함께 살았지만, 아버지를 잊은 듯 전혀 말하지 않았다. 어머니를 아프게 하고 싶지 않아 나도 그랬다. 어머니의 원불교에 관한 정성은 극진해 눈비가 와도 어김없이 예배를 드리러 가야만 했다. 몸이 불편해 움직이기 힘들 때도 간절히 가시고 싶어 해, 차로 모시느라 바빴다. 어쩔 수 없이 일요일 오전에는 원불교에서, 오후에는 성당에서 예배를 드려야만 했다. 몸과 마음이 피곤했다. 나를 불편하게 했던 일은 원불교 행사가 있을 때는 용돈으로 모은 돈을 모두 헌납했고 때론 추가금을 요구하셨다. 내키지는 않았지만, 간절한 소원이라 헌금을 도왔다.

나는 안정된 직장생활을 하면서 편안히 살고 있었는데 돌연 병고가 생겼다. 점점 나빠지더니 몸을 가누지도 못했다. 병상에 2년간 누워 고통의 늪에 빠져 나날을 보냈다. 마치 깊은 지하에 갇혀 있는 듯 느껴졌다. 어쩌면 회복되지 못할지도 모른다는 공포감이 몰려와 남들처럼 걸으며 살게 해 달라고 밤낮으로 신께 애절하게 기도했다. 하루만이라도 걷고 싶다는 절규의 기도가 통했는지 끈질긴 병과의 사투 끝에 병상을 박차고 일어났다. 놀랍게도 나에게 기적이 일어났다. 기쁨과 감사의 눈물이 하염없이 줄줄 흘러내렸다.

새 삶을 주심에 감사하며 신의 뜻에 따르는 삶을 살고 싶어 세례를 받았다. 영적으로 새롭게 태어난 기쁨으로 삶을 찬양하며 환희 속에서 보람된 삶을 살아왔다. 안타깝게도, 세월이 지나면서 힘들 때 매달려 간절히 기도했던 옛일을 다 잊어버린 듯 절절했던 믿음도 약해지고 있었다. 신앙생활 40년이 지났지만, 믿음은 굳어지지 못했고 처음의 순수한 열정도 사라졌다. 신앙의 부족함을 깊이 느끼며 갈등으로 고민에 빠지곤 했다.

그럴 때마다 어머니가 생각났다. 어머니의 깊은 신앙심과 나의 신앙과는 어떤 차이가 있는지 생각했다. 어머니가 이끄는 길로 가지 않고, 용감히 뿌리치고 나의 길 천주교로 왔다. 안타깝게도, 어려움을 극복하고 삶이 안정되자 어느새 주일 신자로 변하고 말았다. 원불교와 천주교 간의 근본적 차이에서 생긴 문제인지, 아니면 개인적 특성에서 나온 것인지 고민에 빠졌다. 제대로 된 신앙의 길로 가지 못하는 듯해 늘 불안했다. 그러면서 가지 않고 포기한 원불교에 연민이 종종 일었다.

　어머니의 신앙의 깊이를 가늠하기는 어려웠다. 원불교는 평생 닥쳤던 고난을 굳은 믿음으로 참고 이겨 낼 수 있었던 힘의 원천이었다. 삶의 버팀목이고, 동반자였던 원불교 교리와 어머니의 믿음 세계에는 내가 헤아릴 수 없는 벽이 있다고 여겨졌다. 나의 믿음이 약해진다고 느껴질 때는 어머니의 깊은 신앙심에 머리 숙여 무한한 존경을 표했다. 아울러 나의 얄팍한 종교관을 어머니의 심오한 신앙에 감히 비교할 수는 없음을 알게 되었다.

　노란 숲속에 두 갈래 길이 있었다.
　나는 두 길을 다 가지 못하는 것을
　안타깝게 생각하면서

　오랫동안 서서 한 길이 굽어 꺾여
　바라다볼 수 있는 데까지 멀리 바라보았다.

　로버트 프로스트(1874~1963, 미국 시인)의 '가 보지 않은 길'을 읽으며, 갈팡질팡하곤 했던 나의 종교에 관한 마음의 깊이를 자주 가늠해 보곤 했다.

 ## 마음의 등불을 잃었지만

이른 봄인데 그날은 유난히 더 추웠다. 나는 정신을 바짝 차리고 부교장 선생님과 아버지가 대화하는 모습을 살피느라 정신이 없었다. 창문 너머로 보이는 그들 모습은 심각해 보였다. 선생님은 계속 말을 했고 아버지는 가끔 고개를 끄덕였다. 심각한 아버지의 뒷모습이 불쌍해 보였다. 나는 추위와 걱정으로 새가슴이 되어 바들바들 떨고 있었다. 내 진로가 정해지는 순간이었다. 아버지는 들어 본 적도 없는 간호장교 학교에 가라고 했고, 선생님은 D 여고 진학을 강력히 권했다. 간호 학교를 지원한 유일한 학생이라 특별히 관심을 끌었다. 갑자기 어려워진 가정 형편으로, 진학시키기 어렵다는 아버지의 뜻이 강해서 선생님은 진학 권유를 포기했다.

아버지가 간호 학교 진학을 권유하는 데는 그럴만한 이유가 있었다. 국회의원에 낙선되어 재산을 탕진하고 친구 도움으로 창신동으로 이사했다. 허구한 날 빚 독촉에 시달리던 그는 살기를 포기한 듯했다. 빨간 딱지가 집 곳곳에 붙어 있어 물건을 사용할 수 없었고, 하물며 쌀 뒤주까지 빨간 표가 붙어 있어 무서웠다. 끝이 보이지 않는 나락의 늪에서 빠져나올 희망의 빛이 어디에서도 보이지 않았다. 어쩔 수 없이 그는 모든 것을 포기했다. 가족 부양이 어렵다는 괴로움으로 늘 한숨만 쉬곤 했다. 딸을 장충동 J 초등교에서 광화문 D 초등교로 전학시켜 K 여중에 입학시키려던 열정은 어느덧 사라지고, 교통비라도 아껴야 한다며 근처 D 여중에 진학시켰다.

어린 나는 이 어려운 상황을 받아들이기 힘들어 어디로라도 도망가고팠다. 우리 부모가 내 부모가 아니기를 바라는 철없는 망상까지도 했다. 꿈속에서도 사나운 사람에게 쫓겨 도망가며 헤맸다. 사춘기로 예민해진 데다 돌변한 환경 탓으로, 친구들과 수다를 떨 때도 늘 슬퍼서 웃을 수가 없었다. 학교에 적응 못 해 준비물 없이 등교하거나, 공부도 하지 않고 시험 보는 불량 학생으로 변했다. 그래도 어둡고 암울한 집에서 벗어날 수 있는 유일한 탈출구는 학교에 가는 것이었다.

결국, 부교장님이 부친을 설득하지 못해 간호장교 학교에 시험을 치렀다. 마치 최후 순간에 끌려가는 소처럼 무섭고 슬펐다. 닥치는 대로 아무렇게나 시험을 치렀는데 입학했다는 통보가 왔다. 반갑지 않았다. 가기 싫은 곳이라 이를 피할 방법을 궁리해 봤지만 어린 나에게는 별 방법이 없어 답답했다.

　어느 날 부교장님이 면담하자고 했다. 무슨 일일까. 내가 잘못한 일이 있었나. 조마조마해 떨면서 그분 앞에 섰다. "네가 내 딸처럼 여겨지니, 입학금은 걱정하지 말고 D 여고에 진학하여라."라고 미소 지으며 손을 잡아 주었다. 평소에 엄격해서 접근하기 힘들었던 분인데, 머리를 쓰다듬으며 열심히 공부만 하라고 미소를 지으셨다. 당황한 나는 감사의 말도 하지 못한 채 흐느끼며 계속 눈물만 흘렸다.

　돌이켜 보면, 그분의 뜻깊은 제자 사랑으로 인문고교로 진학했다. 어린 마음에도 은혜에 보답해야겠다고 다짐하며 열심히 공부했다. 스산하고 을씨년스러워 앉을 곳도 없는 집 한구석에 공부할 나만의 자리를 마련하니 집 안이 환하게 밝아지는 듯했다. 굳은 각오로 노력했더니 성적이 좋아졌다. 마침내 원하던 대학에 입학하니 삶의 용기가 샘솟았다. 이 기쁜 소식을 전하러 그분 댁으로 달려갔다. 온 가족이 자기네들 일처럼 기뻐하며 얼싸안았다. 진수성찬을 차려 놓고 축하해 주었지만 고맙다는 말도 못 한 채 눈물을 삼키면서 앞에 놓인 음식을 맛도 모르고 먹었다.
　어려운 처지에서 헤매던 나를 도와준 그분의 사랑 덕분에 나는 다시 일어나 꿈을 펼쳐 큰 역할을 하게 되었다. 수많은 세월이 지나도 그 은혜는 잊을 수 없었다.

대학 졸업 후 교직 생활, 결혼, 출산의 기쁨으로 행복만이 있을 듯했으나 그것도 잠시였다. 연이은 출산으로 산후병이 생겼다. 그 병은 지병으로 변해 몇 년을 끝도 없는 병마에 시달렸다. 삶의 무게를 견딜 수 없는 고통스러운 생활이 계속되었다. 병 때문에 손, 발은 물론 정신까지 꼭꼭 묶여 사회생활을 할 수 없게 되었다. 병 치료하며 정신없이 지내다 보니, 어느샌가 십 년이란 세월이 훌쩍 흘러갔다. 세월이란 시간은 빠르게 흘러갔는데 내 시간은 제자리에 멈추어져 있었다.

병세가 좋아져 정신이 들면서 선생님을 보고 싶었다. 그분이라면 나 같은 경우에 어떻게 하셨을까. 그것이 궁금해서 하루라도 빨리 만나고 싶었다. 늦게라도 사람의 도리를 하고 싶었다. 여기저기 수소문했으나 안타깝게도 그분은 이미 세상을 떠나셨다. 너무 놀라 가슴이 덜컹 내려앉아 몇 날을 허둥대며 지냈다. 안타깝게도 늘 감사하며 살아왔던 내 마음을 알릴 수 없게 되었으니 당황해 안절부절못했다. 세상살이가 이렇게 속절없이 허망하게 지나가니 야속했다. 세월이 흘러 나이가 들어가면서 도리를 다하지 못했다는 후회가 더 깊어져만 갔다. 아쉬운 마음에, 천국에서 편안하시라고 기도만 할 뿐이었다.

이제 생각하니, 내가 오늘까지 견디기 힘든 어려움이 닥쳐도 오뚝이처럼 살 수 있었던 것은 그분 가르침이 내 마음에 뿌리내려 격려하며 이끌어 준 덕분이라 여겨졌다. 그분이 나에게 베풀어 준 사랑에 보답하는 길이 무엇일까 곰곰이 생각했다. 유일한 방법은 나의 학생들에게 작은 사랑이라도 베푸는 것이라 여기며 실천해 보려고 애써 왔다. 어려운 학생을 돕거나 방황하는 학생들을 제대로 공부하도록 이끌어 왔다.

틀림없이 그분도 당신 뜻에 따라 열심히 살려고 애쓰는 나의 모습을 보았다면 기특해 칭찬해 주었을 텐데, 만나서 말할 수 없으니 안타깝기만 했다.

작은 희망

이제는 출근할 일이 없어 마음 편히 늦잠을 자도 되는데, 아침 6시면 어김없이 눈이 떠졌다. 어쩔 수 없이 일어나 커피를 마셔 보려고 했다. 늘 직장에 바삐 가느라 해 보지 않던 짓이어서 어색했지만, 커피를 내리다 보니 피식 웃음이 났다.

40년 동안 다녔던 직장만이 생명줄인 듯 매달려 살았다. 떠나게 되니 아쉬웠지만, 한편 무거운 외투를 벗은 듯 홀가분했다. 내 직장 외에 다른 삶이 있는 줄 모르고 나름대로 열심히 사는 양 몰두했었다. 직장 벽이 두꺼워, 그 벽을 넘으면 신세계가 있는지도 몰랐다. 수십 년 벽 속에 갇혀 있었지만, 업무에 몰두하는 길이 삶의 최선이라 여겼다. 별다른 꿈도 없이 견문도 넓히지 못해 세상에는 할 일이 많다는 것도 모르며 살았다. 그런 속에서도 나름대로 뜻을 이루어 수많은 일을 해내며 기쁨과 보람을 느꼈다. 그런데 시간이 많이 흘러간 이제, 열심히 살아왔던 지난 세월이 뒤늦게 후회스럽게 느껴지는 이유는 무엇일까. 세상 곳곳에는 보람된 일이 많은데 그것을 알지도, 찾지도 못한 채 한 우물만 파며 외길을 살아온 것이 답답했다.

직장생활은 길고도 힘들었다. 어느 날은 따스한 봄날인 듯 아늑했지만, 때로는 혹독한 추운 겨울이 닥친 듯 힘들어 쩔쩔매었다. 그 험난한 터널을 헤쳐 나가려고 얼마나 애썼던가. 늘 고민과 상처에 휩싸여 있어 뚫고 나오기 어려웠다. 굴러떨어지지 않고, 살아나려고 안간힘을 다했던 삶의 연속이었다.

평생, 업무를 처리하느라 도전과 실패를 겪어야만 했다. 특히 새로운 시도가 이루어질 때는 힘든 경우가 많았다. 온 힘을 다했어도 실패했던 순간은 정말로 억울했다. 특히 경쟁자가 나타나 나의 길을 막으면 억울함을 진정할 수 없었다. 그렇다고 맞붙어 싸워 이길 자신도 없어 맞상대하기를 피해 왔다. 해결할 재간도 없고 방법도 몰랐다. 그때는 착한 마음으로 물러서지 않고 해결할 방법을 몰라 비겁하게 피하는 경우가 많았다. 힘겨울 때는 그렇게라도 벗어나려 애썼다. 살아남기 위해서는 아무리 힘겨운 일을 당해도 이를 악물고 참아 내야 했다.

남들은 행운의 '네잎클로버'를 잘도 찾았지만, 나에겐 보이지 않아 늘 서글펐다. 억울하게 당할 때는 슬펐지만 시간이 지나면서 부딪히지 않고 져 주길 잘했다고 여겼다. 이것이 힘든 세파를 견뎌 내고 살아남을 수 있었던 나의 삶의 방법이었는지도 모른다. 세월이 많이 흘러간 지금 돌이켜 보니, 그때의 경쟁은 삶의 사소한 일로서 단지 하찮은 풀잎에 지나지 않았다는 것을 깨닫게 되었다

드디어 두꺼운 벽이 허물어져 틀에서 벗어나니 책임감도 사라졌다. 피해의식도 없어져 어깨가 가벼워졌다. 앞으로는 조직에 얽매이지 않고 자유롭게 살 수 있으니 느긋해져 편해졌다.

나의 제2 인생은 새로운 희망과 꿈으로 가슴이 벅찼다. 드디어 부담 없이 홀가분하게 어떤 일이라도 할 수 있는 여유가 있으니 행복했다. 그러나 여유의 시간은 순식간에 지나갔다. 시간 여유가 주어졌는데 아쉽게도 무엇을 어떻게 해야 할지 몰라 어정쩡하게 지냈다. 소중한 시간을 귀한 줄 모르고 허송세월하고 있으니 안타까웠다. 옛말에 "고기도 먹어 본 사람이 또 먹는다."라고 했다. 그 말이 옳았다. 구속에서 벗어났는데도 누릴 줄 몰라 허송세월하니 답답했다. 별의별 생각을 다 했지만 새로운 길 찾기는 쉽지 않았다.

구내복지관에서 내가 좋아하는 과목을 선택해 공부도 했고, 20년 넘게 해 오던 영어 신문 읽기도 계속했지만 그래도 가슴이 텅 빈 듯 허전하여 방황했다. 소박하더라도 값있다고 느껴지는 일이 있으면 온 정성을 쏟아 보고 싶었다.

마침 그때 한 지인이 글쓰기 공부를 해 보라고 권했다. 평생 생

각지 않던 분야라 겁도 나고 낯설기도 했지만, 용기를 내 보았다. 글쓰는 재간도 없는데, 이 생소하고 어색한 황무지에 굳이 들어갈 필요가 있을까 하는 의혹도 들었다.

예상했듯이 글쓰기 작업은 여러 가지로 만만치 않았다. 우선 적응이 힘들었다. 불편한 상황이 일어나면 견뎌 내기 힘들어 좌불안석이었다. 삶의 여유를 갖고 편안히 살고 싶은데, 익숙지 않은 상황에 적응하려 고민할 필요가 있을까 하고 거듭 생각해 보았다. 새 일을 시작하면 희망이 생길 수도 있겠지만, 때로는 절망을 느낄지도 몰라 주저하게 되었다. 처음에는 예상외로 적응하기 힘들어 몇 번이나 그만두어야겠다고 생각했지만, 그래도 새 도전을 시작하기로 이왕 마음을 먹었으니 아무리 어려워도 참아 보자고 했다. 수십 년 전 직장생활을 참고 견디어 냈듯이 참아 내면 길이 있으리라 여기며 마음을 굳혔다.

사람이 살아 있는 동안은 끊임없이 생각하고 활동하는 작업이 이어져야 한다는 진실에 절감했다. 그것이 살아 있다는 징표이기 때문이다. 새롭게 무엇을 한다는 것은 삶의 활력이니 긍정적으로 받아들이기로 했다. 가슴을 열고 노력해 보자고 마음을 다잡았다. 적응하다 보면 언젠가는 글쓰기가 삶의 탈출구가 될지도 모른다는 작은 희망을 걸고 노력하기로 했다. 이제 정신을 가다듬어 나의 벗 글쓰기를 맞이하고자 조심스럽게 발걸음을 내디뎌 보려 한다.

새해의 바람

예년에는 별생각 없이 새해를 맞이했는데, 올해는 떠오르는 해를 직접 보고 싶어 동네 공원에 올랐다. 며칠 전 내린 함박눈이 하얗게 뒤덮어 다사다난했던 한 해의 서운함과 아쉬움을 덮어 주니 두려움과 공포는 모두 사라지고 오직 기대만으로 설렜다.

늘 한가롭게 올라가던 공원 길이 오늘은 달랐다. 수많은 인파가 빼곡히 줄지어 올라가는 광경을 보니 마치 낯선 곳에 잘못 왔나 하고 주춤거려졌다. 젊은이들이 손에 손을 잡고 앞으로 돌진하는 모습이 특히 눈에 뜨였다. 새해 첫날 떠오르는 해를 맞이하고 싶어 누구보다도 먼저 가려고 재촉하는 듯 발길을 서두르고 있었다. 나도 온 힘을 다해 질세라 그들 뒤를 쫓았다. 그런데 이게 어쩐 일인가. 갑자기 무릎에서 삐걱 소리가 나더니 발을 움직일 수가 없었다. 가쁜 숨을 몰아쉬고 그 자리에 그대로 멈춰 섰다. 젊은이들은 왜 길을 가로막느냐는 듯한 표정을 지으며 나를 밀치고 앞서갔다. 더 이상 그들을 뒤쫓을 수 없었다. 마음으로는 무엇이라도 다 할 수 있다고 여겼는데, 내 몸은 그 뜻을 알아채지 못하고 말썽을 부렸다.

 길모퉁이에 서서 서둘러 올라가는 그들을 멍하니 바라보며 '괜히 극성을 떨고 지랄들이야.'라고 마음이 상해 속으로 외쳤다. '젊은 친구들아, 빨리 따라가지 못한다고 깔보지 마라. 수십 년 전엔 나도 명산 여러 곳을 등산했단다. 세월이 가는 사이에 나도 모르게 질병이 찾아와 친구가 되어 그들을 물리치지 못하고 벗 삼아 함께 지내고 있단다, 그래서 이제는 몸과 마음이 따로 움직이는구나.' 이렇게 한참 중얼거리다가 기운을 차려 다시 공원으로 올라갔다.

 그곳에는 천여 명 넘는 사람들이 모여들었다. 공원은 발 디딜 틈도 없이 사람들로 가득 찼다. 우리는 매일 살아가면서 앞날을 예측할 수 없어 무언지 모를 불안 속에 휩싸일 때가 있다. 그래서인지 새해 첫날 해맞이하며 소망을 빌면 소원이 이루어지리라 믿고 싶었다. 두려움을 떨치고 희망이 이루어지리라고 믿으며 모여들었다. 언제나 변함없이 떠오르는 절대적 존재인 태양은 간절한 소망을 틀림없이 이루어 주리라 믿고 싶은 것이다.

 세상에 맙소사! 안타깝고 속이 상했다. 야속하게도 오매불망 기다리던 해가 구름에 가려 볼 수 없었다, 공원 여기저기서 한탄의 한숨 소리가 번졌다. 그들은 밤잠을 설치고 새해 첫날 새벽부터 가슴에 품고 있는 희망과 꿈을 기원하려 했는데, 해가 구름 속에 숨은 채 나오지 않아 볼 수 없었다. 안타까움의 절규가 온 마당에 울려 퍼졌다. 공원 마당 여기저기서 별의별 일이 다 일어나고 있었다. 어떤 사람은 땅바닥에 털썩 주저앉았고, 또 다른 이는 옆에 있는 친구를 마구 때리기도 했다. 몇몇 소녀는 두 손을 마주 잡고 하늘을 멍하니 바라보며 기도하기도 했다. 다른 몇몇은 너무도 안타까워 안절부절 못하고 마구 소리 지르며 난동을 떨었다. 아니 오늘 해가 뜨지 않은 일이 별일이라도 되는 듯이 극성을 떠는 꼴을 보며 왜 난리를 떨고 법석을 부리는지 이해해 주고 싶지 않았다. 서운하기는 하다. 해는 내일도 뜨는데 새해맞이 못했다고 그렇게 야단법석을 떨어야 하는가. 다행스럽게도 대부분은 차분히 발길을 돌려 내려갔다.

 세상을 살다 보면 평탄하게 보이는 듯하지만, 때로는 하루가 지옥처럼 느껴져도 대수롭지 않은 듯 다시 내일을 살아가는 것이 우리 삶이다. 오늘의 실망은 별것 아니다. 삶은 실패와 실망을 거듭하면서 영글어 가는 것이니 오늘의 낙담은 아무것도 아니다. 젊은이들이여, 그대들은 청춘의 정기가 있으니 사소한 일에 기죽지 마라. 오늘보다 더 좋은 내일이 있으니 용기를 잃지 말라고 교장 선생님 훈화를 중얼거리다 보니 피식 웃음이 나왔다.

 그런데, 평생 온몸을 불살라 살아온 나는 요즈음 힘이 빠져 허탈해졌다. 퇴임 후 숱한 날을 바쁜 듯 난리를 떨며 지냈으나 뚜렷이 이룬 일이 없다. 그리고는 덧없이 지나간 시간만을 후회하고 있으니 한심할 뿐이다. 기운 빠져 맥없이 지내고 있으니 답답하다, 그런 사람이 어쩐 일로 새해 첫날에 이 공원에 왔냐고 다그치면 할 말이 없다. 세월이 가니 변하는 세상에 적응하기도 지탱하기도 힘들어 왔노라고 답할 뿐이다. 늙어 갈지라도 소박한 소원과 희망이 있어 굳건히 살 수 있다고 말하리라.

내 소망은 병 없이 무탈하게 지내고 가족이 건강하기만을 바랄 뿐이다. 그리고 마음을 비우고 담대하게 살 수 있는 마음의 여유를 갖고 싶다. 무엇보다도 지금까지 신의 은총으로 큰 탈 없이 살아왔으니, 매사에 늘 감사하며 살겠다고 다짐하려 했다.

2
함께 나누는 기쁨

세월이 쌓은 정

초겨울인데도 날이 제법 쌀쌀했다. 중학교 때부터 절친인 여섯 친구가 성신대입구역에서 만나기로 약속해 서성거리고 있는데 문자가 왔다. 한 친구가 참석지 못한단다. 문자를 받고 인근 상지회관에 있는 수녀 친구가 차를 가지고 나오겠다며 전철역에서 기다리라 했다. 친구가 한 명 빠지니 섭섭하기는 했지만, 생각지도 않게 드라이브한다니 마음이 들떴다. 그래서 우리는 사전 계획도 없이 드라이브 길에 나섰다.

금강산 구경도 식후경이라 했던가. 서둘러, 소박하지만 소문난 맛집에서 점심을 푸짐하게 먹고 성북동 스카이웨이 드라이브를 시작했다. 산길이 굽이굽이져 있어 시골 깊은 산에 와 있다고 잠시 착각했다. 길이 포장이 되어 있고 주변이 잘 정비된 모습이 시골 산길과는 조금 달랐다. 얼마쯤 올라가다 앞뒤를 살펴보니 빼곡한 숲으로 둘러싸인 풍경이 그림처럼 다가왔다. 산길처럼 아늑한 풍경에 한참 빠져 있는데, 드라이버는 이것저것 설명하며 꼬불꼬불한 길을 잽싸게 달려 북한산이 보이는 팔각정까지 올라갔다. 시야가 탁 트인 곳에 이르니 발아래 옹기종기 모여 있는 집들이 나타났다. 옛날 어릴 적에 살던 집을, 매일 걸어 다녔던 초등학교를 찾아보며 잠깐 옛날로 돌아가 어린애가 된 듯 반가워 소리치며 떠들어 댔다. 안타깝게도 바람이 세게 불어와 더 이상 찬바람 속에 있기 어려웠다. 그리워 마음에 품고팠던 정든 옛 마을을 뒤로한 채, 법정 스님이 계셨던 길상사로 향했다.

초겨울 쌀쌀한 월요일이라 길상사 경내에는 사람이 적고 한산해서 절 경내를 관람하기에는 안성맞춤이었다. 길상사는 '길하고 성스러운 절'이란 의미로 문수보살의 별칭에서 인용된 불교 용어다. 법정 스님과 길상화(김영한) 님의 아름다운 인연으로 만들어진 길상사는 여전히 아늑한 분위기를 그대로 유지하고 있다. 우리는 법정 스님이 거처하시던 거실로 조심스럽게 들어갔다. 따뜻하게 데워진 넓은 마루방에는 스님의 진영과 유품이 가지런히 놓여 있었다. 법정 스님은 그곳에 그대로 계신 듯 느껴졌다. 특히 그의 유품 중 김수환 추기경과 정답게 미소 지으며 남기신 한 폭 그림은 나의 마음을 잔잔하게 흔들었다.

두 분은 서로 다른 길을 평생 살아왔다. 긴 세월 동안 나눈 두 분의 신념과 우정이 어떤 것이었길래 한 폭의 그림 속에서 정답게 미소 지으실까. 이 그림은 세파에 시달려 온 우리를 다독여 주었다. 나도 모르게 '감사합니다.'라고 되뇌었다.

　법정 스님은 "인간의 삶은 짧고 소중하며, 어떤 상황에서도 감사하며 살아야 한다. 어려움과 고통으로 가득 찬 삶을 이겨 내기 위해서는 자신의 마음을 다스리는 것이 필수"라고 했다. 김수환 추기경은 '바보가 바보들에게'에서 10가지 명언을 제시했다. 그 명언 중 기억되는 것은 '진정한 사랑은 이해, 포용, 동화, 자기 낮춤을 선행하기'였다. 두 분의 신앙 철학의 표현법은 다르지만, 진리의 실천을 향한 말씀의 근본은 같은 뿌리에 있다고 여겨졌다.

　아무도 드나들지 않는 따뜻한 마루방에서 마치 할아버지 앞에서 편하게 앉아 떠들 듯이 수다를 마냥 떨었다. 우리는 모이면 거창하지는 않지만 사소하게 겪었던 삶의 이야기를 자주 나눈다. 내가 늘 의지하며 지내 온 수녀 친구까지 끼어들어 이야기꽃을 피웠다. 그녀는 우리와는 다른 길을 살아왔지만, 평생 신자들에게 강의하고 상담을 해 오던 터라 세파 속에서 들볶이며 살아온 나보다도 더 현실적이고 정감있게 삶의 지혜를 제시해 주어 놀랐다. 친구마다 걱정거리가 있으면 마치 자기 일인 양 마음 아파하며 보살폈다. 그리고는 혹시라도 응어리진 것이 있을세라 두 손 모아 기도를 시작해 모두의 마음을 쓰다듬어 주었다. 오늘 이 방에 모인 우리는 두 분 성자의 깊은 뜻을 되새기며, 두 분이 우리의 삶을 축복해 준다고 확언이라도 받은 듯, 감사한 마음으로 뜻을 받들어 살겠다고 손을 맞잡았다.

밖은 벌써 어둑어둑 땅거미가 지고 있었다. 언제나 씩씩한 수녀 드라이버는 불평 한마디 없이 이름난 곳을 하나라도 더 보여 주고파 여기저기 데리고 다녔다. 창밖을 보니 낮에 올라왔던 꾸불꾸불한 길이 어슴푸레 보였다. 우리가 험난한 세월을 잘 살아왔듯이 저 울퉁불퉁한 길도 제 몫을 하며 긴 세월을 잘도 버티어 왔구나 싶었다.

자기를 낮추면서 온종일 운전하며 베풀고자 하는 수녀 친구의 마음을 우리는 철없는 아이처럼 당연지사로 여기며 좋다고 깔깔대고 웃기만 했다. 어린 옛정에서 싹터 오랜 세월의 정으로 뭉친 우정이라 여겨지니 가슴이 찡해졌다. 우리는 그저 고마웠다. 온종일 운전으로 아픈 허리를 간신히 펴면서 등을 치는 노수녀의 뒷모습을 보니 안쓰러웠지만 성스러워 보였다.

어느 사이에 창밖에는 어둠이 깔려 하루가 저물어 가고 있었다. 우리가 내려온 길은 오늘의 끝이었지만 축복된 하루였기에 감사했다. 헤어지기 아쉬워 차 안에서 한참을 머뭇거리다가 건강한 모습으로 다시 만나자고 약속한 후에야 우리의 영원한 벗 수녀 곁을 떠났다.

우리의 스승 피천득 교수님

　대학에 입학하자, 선배로부터 피천득 교수님의 강의에 감명 받았다는 소문을 들었다. 잔뜩 기대하면서 교수님이 이제나저제나 멋진 모습으로 나타나길 기다렸다. 내 기대와는 달리 그분은 마르고 머리도 빠지고 체구도 작았다. 이분이 바로 피천득 교수님이란 말인가. 앞자리에 앉았던 나는 주책없이 실망과 놀람의 작은 탄성을 냈다. 그 소리를 들으셨을까 염려가 됐다. 그분은 머뭇거림 없이 출석을 확인한 후, 책을 펴서 몇 구절을 잔잔히 읽으며 문장의 의미를 음미하기 시작했다. 첫눈에 멋지지 않다고 느꼈던 불손한 생각은 어느 사이엔가 깨끗이 사라지고 강의에 몰두했던 기억이 났다.

　수필이라는 단어가 내 가슴속 깊이 스며들어 마음을 사로잡기 시작한 것은 대학에서 교수님 강의에 심취하면서 시작됐다. 그의 강의에 매혹되어 수필을 써 보겠다고 다짐했지만 시도하지 못하고, 60년 세월이 덧없이 흘러가 버렸다. 이제 글쓰기를 시작하면서 그분의 순수한 삶의 철학으로 알려 주신 진솔한 삶을 깊이 생각해 본다.

교수님은 다정다감하면서도 필요할 때는 깔끔하게 감정 처리를 하는 분이다. 그분은 작지만 칼칼한 음성으로 강의에 열정을 다했다. 간결하고 쉽게 문장 의미를 설명해 학생들을 강의에 몰입하게 했다. 강의 내용의 세련미와 섬세함은 늘 모두를 감탄시켰다. 그런데 문학 세계에서 보여 주었던 세련, 섬세, 고귀함과는 달리 실생활에서는 소시민의 소박함이 넘쳐흘렀다. 특히 깔끔하고 얌전한 모습으로 늘 뜨개질을 하며 차를 대접해 주었던 사모님의 모습은 인상적이었다.

또 하나 빼놓을 수 없는 이야기는 소중히 여기는 딸 서영이에 관한 아버지의 깊은 사랑이다. 어느 해인가 노래를 작곡하려는 여교수님의 작사 부탁을 받고 여러 차례 만났는데, 이를 눈치챈 딸은 아빠 책상 앞에 항상 붙어 있는 '아빠, 몸조심!'이란 어구를 '아빠, 맘조심!'이란 경고장으로 바꾸었다고 하며 서영이가 아주 깜찍하고 대견스럽다고 자랑하곤 했다.   .

영어과 정원 34명 중 16명이 여학생인데 여학생을 편애해서 여학생에게는 언제나 칭찬과 배려를 했지만, 남학생에게는 냉정했다. 남학생이 강의에 집중하려고 앞자리에 앉아 있으면 일으켜서 뒤로 보내고 여학생을 그 자리에 앉힌 적도 있었다. 남자보다 여자가 약하니 우대해야 함을 인식시켜 주었다.

어느 여름방학 여학생 몇 명이 서교동 교수님 댁을 방문하러 나섰다. 따가운 햇빛 아래 한 시간을 이 골목 저 골목을 헤매며 돌아다녔다. 그러나 피천득이란 문패를 찾을 수 없었다. 지쳐서 어느 문 앞에 앉았다가 앞집을 물끄러미 바라보니 작은 나무 조각에 붓글씨로 쓴 피천득 세 글자를 보았다. 오랫동안 비바람에 지워져 간신히 읽을 수 있는 문패였다. 맙소사, 우리가 존경하는 교수님 이름이 나무 조각에 쓰여 있어 아찔했다. 너무나도 반가워 힘차게 대문을 두드렸더니 교수님은 우리를 반갑게 맞아 주었다. 문패가 없어 집 찾기가 어려웠다고 불평했더니 "나는 번쩍번쩍 빛나는 돌에 이름을 새길만큼 유명하지도 위대하지도 않아서 문패를 그대로 두었지."라고 담담하게 답했다. 그 말을 듣는 순간 낡아빠진 초라한 문패는 큰 의미로 다가와 우리를 숙연하게 만들었다. 과장하지 않은 소박한 삶을 지키며 살아온 한 학자의 숭고한 삶의 일면을 엿볼 수 있었다. 작품 속에서 느꼈던 꾸밈없음, 솔직함, 담백함을 그분의 삶 속에서 실감했다. 작은 몸에서 나오는 거인의 힘을 느낄 수 있었던 소중한 시간이었다.

졸업 후 각자의 삶에서 한동안 바쁘게 지내다가, 차차 자리가 잡히면서 그간 뵙지 못했던 교수님을 찾아뵙기로 했다. 긴 세월이 흘러 서교동 주택에서 반포동 아파트로 이사하신 것도 뒤늦게 알았다. 교수님은 예전보다 왜소해지신 듯했다. 그래도 여전히 천진난만한 미소로 우리를 반겨 주었다. 거실과 방 벽에 줄지어 기대어 있는 그림들도 우리를 반겼다. 그는 작품을 차례대로 보여 주면서 작가의 의도를 살피고, 당신의 느낌을 말하면서 작품 이해와 감상법을 차근히 알려 주었다. 우리 일상의 삶 속에서 일어나는 모든 현상을 시와 수필로 접근해 묘사하는 듯했다.

또다시 세월이 흘렀고 교수님 미수 생신이 되어서야 다시 한자리에 모여 늦게까지 기념 촬영도 하고 담소하면서 오랜만에 즐겁게 보냈다. 우리는 헤어지는 것이 아쉬워 두 손을 맞잡고 긴 인사를 나누고 다시 만날 것을 약속했다. 그날이 선생님과의 마지막 만남이 되리라는 것을 꿈에도 생각지 못했다.

안타깝게도 미수 생신 후 선생님을 다시 뵙지 못한 채, 홀연히 2007년 5월 25일 우리 곁을 떠나셨다. 스승님을 잊을 수 없어 경기도 남양주 모란공원 예술인 묘역에 동상을 세웠다. 그 동상은 훗날 서초동 '피천득 산책로'에 자리 잡아 시민의 메마른 감성을 채울 수 있는 길을 만들어 주었다. 특히 2025년 5월 10일 온 동문의 정성으로 피천득 선생 부조상을 대학 영어교육과 학과장실 입구 외벽에 설치했고, 동년 5월 24일 선생 생가터에 종로구청의 도움으로 문학비 제막식이 있었다.

살아오면서 삶의 스승으로 존경했던 분을 이제는 더 이상 만날 수 없으니 슬펐다. 다행히 그분의 시와 수필을 읽을 수 있으니 감사했고, 그분은 우리의 가슴 속에 영원히 존재해 우리를 이끌어 주시리라 믿으니 다소 마음이 놓였다.

 내 친구 갑순이

미국서 50년 만에 친구가 왔다고 대학 동창들이 모였다. 60년 지기지우인 우리는 코로나로 만나지 못하다가 오랜만에 만나 반가워 한참 이야기 속에 푹 빠졌다.

마침, 회장이 1학년, 3학년 단체 사진을 확대·복사해 왔다. 1학년 때는 순진했던 모습이 3학년이 되니 파마하고 단장도 해 많이 변해 있었다. 어색하게 변했다고 깔깔 웃으면서 촌스럽다고 했다. 그래도 오늘의 우리와 비교하면 젊고 귀여웠다.

남녀 34명이 입학해 4년 동안 함께 공부했지만, 공부 내용이 어려웠는지 서로 대화할 줄도 모르고 도서관만 들락날락하며 지내 왔다. 대학 과정은 영어 교사로서의 준비 단계가 아닌 고대 영문학 공부에 열중했다고 기억될 뿐이다. 과제가 어려워 시험 기간은 허리가 뻐근하도록 도서관에 앉아만 있었다. 공부해도 난제를 해결하지 못해 쩔쩔매곤 했다. 게다가 저녁에는 아르바이트로 늘 시간이 부족해 여유롭게 반복해서 공부할 시간도 없었다. 아쉽게도 즐거웠던 일은 떠오르지 않았다.

그런데 60년이 지난 오늘에야 갑순이가 옛날 에피소드를 말했다. 남학생과 여학생이 앞집에 마주 보고 산다고 우리는 그들을 갑돌이, 갑순이라고 불렀다. 그들은 저녁이면 근처 도서관에서 함께 공부했단다. 어두운 밤길에 남자 친구가 보디가드가 되어 크게 의지가 됐단다. 서로 근처에 살아서 갑돌이, 갑순이라고 놀리곤 했지만, 그토록 가깝게 지냈는지는 몰랐다. 남녀공학 출신인 갑순이는 자기들은 자연스러운 교우 관계라고 했다. 그 긴 시간을 어려운 학습 과제를 서로 토론하며 공부했으니 두말할 필요 없이 크게 도움이 됐을 것이다. 순수한 열정이 싹트는 시기에 마음을 나눌 수 있었다니 지금 생각해도 부럽다.

그 아름다운 사실을 평생 마음속 깊이 간직했다가 육십 년이 지나서야 말하다니. 세상에 맙소사. 참으로 깜찍도 했다. 새침데기인 갑순이는 야간에는 갑돌이와 단둘이 공부했으면서도, 교내에서는 여자 친구와 단짝이 되어 둘이서만 다녔으니 우리는 순이와 돌이, 두 사람이 그렇게 친한 줄은 전혀 모르고 그냥 재미로 놀리곤 했다.

돌이켜 생각해 봐도 갑순이는 대단했다. 교사 시절에는 교장 총애로 퇴근 시간 전에 그와 함께 퇴근해 각종 미술관을 순회했다고 자랑도 했다. 특별히 기억나는 일은 피천득 교수님을 자주 찾았다고 했다. 아무리 존경해도 자주 찾아뵙기는 쉬운 일은 아니었을 텐데, 담대한 꼬마 갑순이로서는 쉽게 해낼 수 있었다. 그녀는 무엇이든 정하면 행동으로 옮기는 능력도 있었다. 참으로 야무지고 똑

똑한 친구였다. 그래서 나는 그녀를 능력가라고 부르곤 했다. 교수님의 총애를 듬뿍 받아 오던 그녀는 훗날에 그분의 도움으로 진로도 결정됐단다.

그녀는 장점이 많은 친구였다. 건강해서 코로나 중에도 전국 유명한 산을 누비는 인간 다람쥐였다. 그뿐만 아니라 도서관에 늘 드나들면서 각종 자료를 수집·연구하더니 시인으로 등단까지도 했다. 상황 판단이 빠르고 처신도 잘했다. 자기주장이 강한 편이지만 이해심도 많아 상대방을 늘 이해하려 애쓰는 편이었다.

지금 생각하니, 갑돌이와 갑순이, 두 사람은 어찌해서 결혼으로 연결되지 않았을까 궁금해졌다. 그때 우리는 젊어서 각자 자기 앞날을 생각하느라 여념이 없어 아쉽게도 친구의 미래를 생각할 여유가 없었다.

세월이 지나면서 우리는 서로가 궁금해져 자주 만나게 됐다. 그러더니 가까워져 10여 년 전까지 제주도를 시작으로 국내 이곳저곳을 여행했다. 우리의 꿈은 더욱 야무져져 베트남 여행을 하며 갖가지 절경을 관광했고, 말레이시아 코타키나발루로 여행을 떠나 젊었을 때도 경험해 보지 못했던 꿈같은 시간을 만끽했다. 그때의 추억을 잊지 못해, 이제 다시 여행을 떠나 보자고 제안했다. 아직도 마음이 청춘인 우리는 모두 들떠서 그러자고 했다.

그런데 우리의 상황은 만만치 않았다. 오늘의 우리는 몇 해 전과는 달라졌다. 허리, 무릎이 아프고, 병원에 입원해 있고, 치매로 연락을 끊고 지내기도 했다. 안타깝게도 갑돌이는 부인이 치매로 요양원에서 지내고 있다고 했다. 아쉽게도 건장하고 튼튼했던 갑돌이도 운동 중 넘어져 허리디스크로 수술했단다. 갑순이 남편은 뇌혈관질환으로 몇 해 전 소천했다. 병원에서 그의 마지막 가는 길에 함께 하려고 모였지만 모두 씁쓸해 말이 적어졌다. 치밀하면서도 적극적인 회장까지 허리 병으로 일상생활이 불편해지고 보니 우리 모임은 활기를 잃어 가고 있다.

우리는 꿈 많던 시절과는 너무나도 달라져 있었다. 세월의 어려움이 닥쳐오고 있으니 막을 길이 없었다. 희망차고 활기찬 젊은 기개는 어느덧 사라지고, 언젠가 험한 일이 닥칠까 두려워 떨면서 가슴 구석까지 쓸쓸함이 몰려옴을 느껴야 했다.

우리가 살아온 길은 각자 다르지만, 소망했던 바를 이루고 평생 사랑하며 행복하게 살아온 소중한 삶이었다고 자부했다. 그러니, 예상치 못한 일이 닥치기 전에 미리 걱정하지 말자. 살다 보면 좋은 일보다는 힘든 일이 자주 일어날 수 있으니 상처받지 말자. 그동안 터득한 지혜로 담대하게 대응하자. 아무리 어려운 일이 닥칠지라도 해결할 수 있다고 다짐하면 틀림없이 그대로 되리라 믿고 싶었다. 체념도 포기도 하지 않으리라. 탈 없이 지내다가 다시 만나리라 기대하며 헤어졌다.

1박 2일의 만남

만나기로 약속된 홍성역은 한산했다. 역내가 온통 우리 차지라 왁자지껄 떠들어 대며, 반가워 손이 으스러지도록 꽉 잡고 악수하고 끌어안았다. 몇몇 친구들은 얼싸안고 방방 뛰기까지 했다. 어느 틈엔가 나도 끼어들어 손을 맞잡고 함께 뛰었다. 영국에서 연수를 함께 받으며 쌓아 온 정을 잊지 못해, 35년째 매해 전국을 여행하며 만나 왔다. 우리의 우정은 해가 거듭될수록 깊어져 이제는 형제자매가 된 듯 가까워졌다.

1991년 영국 벨 대학에서 40일간 함께 공부했던 동창생을 만나러 서해안을 신나게 달렸다. 초등생이 소풍 가는 날 설레듯 두근거렸다. 아침에는 빗방울이 떨어져 걱정되어 불안했지만, 끝없이 펼쳐진 푸른 들판, 서산 간척지는 구름이 햇빛을 가려 드라이브하기에 딱 좋아 신났다.

차는 순식간에 태안 신두리 해안 사구에 도착했다. 지금까지 보아 왔던 해안 지구와는 달랐다. 20년 전, 발틱3국 라트비아, 에스토니아, 리투아니아를 여행할 때 방문했던 리투아니아 발틱 해변이 생각났다. 그곳은 모래가 수북이 쌓여 형성된 사구였다. 너무나 놀랍고 신기해서 맨발로 한참 걸었던 추억이 새롭다. 중학교 때부터 궁금했던 사구의 실체를 그때 모래를 밟으며 확인하면서 자연의 섭리에 크게 감탄했다.

이처럼 신비로운 사구를 우리나라에서 만나게 되리라고는 상상하지 못했다. 신두리 해안 사구 입구로 들어섰다. 한편에는 나무숲이 있고, 다른 쪽 모래 섞인 들판에는 잡초와 자그마한 해당화만이 덩그러니 몇 그루 있었다. 이곳에도 생명체가 있음을 알려 주려는 듯 갑자기 도마뱀이 나타나 팔짝 뛰었다. 마음을 가다듬고 조심스럽게 이 신비로운 신세계로 발을 옮겼다. 바닷가 근처에 있는 높은 모래 언덕이 어찌 생겼는지 호기심이 발동해 서둘러 들어갔다. 어떻게 이와 같은 모래 언덕이 바닷가에서 멀리 떨어진 이곳에 만들어진 것일까. 바닷바람을 타고 해안가로 쓸려 온 모래가 쌓이면서 형성되었단다. 무려 1만 년 이상 걸려 미세한 모래가 바람을 타고 날아와 만들어진 모래 언덕이란다. 참으로 놀랍고 신기했다. 신두리 해안 사구는 천연기념물로 지정되어 있고, 규모는 세계에서 손에 꼽힐 정도로 큰 편에 속했다.

다행히 날씨가 살짝 흐려 따가운 햇볕을 피해, 사구를 살펴보기에 안성맞춤이었다. 탐방로를 따라 만여 년 전에 만들어진 모래 언덕 속으로 콧노래를 부르며 들어갔다. 우리가 사는 세상과는 다른 별개의 세계, 태고의 시절에 나는 와 있었다. 아무 거리낌 없이 두 팔을 휘적휘적 저으며 사구를 자유롭게 거닐 수 있어 즐거웠다. 신기하게도 넓은 사구 저편에는 갈대숲이 우거져 나부끼고 있었다. 갈대의 나부낌에 매료되어 팔을 너풀너풀 흔들어 춤을 추며 그곳으로 서둘러 향했다. 산들바람이 솔솔 불어오니 은빛 갈대의 나부낌은 더욱 현란하게 빛나 나를 무아지경에 빠트렸다.

신두리 사구 마력에 빠져 마냥 머물다가, 늦게서야 다음 목적지 만리포 해수욕장에 도착했다. 배가 고파 우선 푸짐하게 식사했다, 그리고는 사람이 모두 빠져나간 바닷가로 나갔다. 인적이 없는 밤바다는 어둡고 스산하기는 했지만, 그런대로 고요한 정취를 느낄 수 있었다. 뚜렷이 보이지는 않지만 가까이서 쏴 소리와 함께 파도가 밀려와 바다의 정취를 더욱 깊게 느끼게 했다. 우리는 손에 손을 잡고 목청 높여 노래 부르며 우리만의 세상을 확인했다. 밀려오는 파도 소리와 대결이라도 하려는 듯 목이 터지도록 외쳐 댔다. 속이 뻥 뚫리는 것 같았다. 바다가 우리만의 것인 듯 마음껏 만끽했다.

갑자기, 눈 깜작할 사이에 젊은 친구들은 모래사장 위를 무작정 달리기 시작했다. 저 멀리 달려간 그들의 모습은 보이지 않았다. 동그마니 나 홀로 바위에 앉아 밀려오는 파도 소리를 들으며 잠시 상념에 빠졌다. 활기차고 찬란했던 청춘을 다 보내고 이제는 더 이상 좋은 날은 없으리라는 자괴감으로 마음이 아팠다. 밀려오는 파도에 쓸데없는 상념을 실어 보내고, 멀리서 달려오는 친구들을 맞이해 얼싸안았다. 넓은 바다에서 그들과의 포옹은 생각지도 못한 정겨움으로 휩싸이게 했다.

밀려오는 파도 소리에 정겨워 우리는 마음을 활짝 열어 무엇인가를 서로 말하고 싶었다. 우리의 인연을 굳게 맺어 주는 소중한 쫑파티를 가졌다. 살면서 어렵고 힘들었던 일들을 술술 풀어 주는 속풀이 마당이 열렸다. 언니, 누나, 동생이 되어 허물없이 온갖 이야기를 나누었다. 밤늦도록 속풀이 하다 보니 가슴이 뻥 뚫려 후련해졌다. 밤이 깊어지니 어쩔 수 없이 우리는 알토란 이야기를 일단 멈추고 잠자리에 들었다.

다음 날 아침 안면도로 향했다. 백사장에서 드르니항까지 멋지게 설치된 꽃게 다리 위에 올랐다. 눈앞에 탁 트인 바다 전망을 보면서 가슴 속 깊이 웅크리고 있던 두려움과 어려움이 싹 사라져 버리는 듯했다. 볼만한 모든 경치를 젖혀 놓고 이곳으로 서둘러 온 이유를 알 만했다. 확 펼쳐진 푸른 바다를 맘껏 바라보며 맑은 공기를 실컷 마셨다. 눈앞에 푸른 바다를 바라보니 무엇이든 해낼 수 있다는 용기가 생겼다. 오랜 세월 동안 실현하지 못한 채, 가슴 속에 웅크리고 있던 내 꿈을 활짝 펼쳐 보고 싶었다. 얼굴에 주름이 늘어 생리적 노화가 왔더라도 몸과 마음에 활기를 불어넣고 싶었다. 그동안 삶의 활력을 살릴 수 있는 일을 찾아 무진 애써 왔다. 이제야, 그 활력의 실마리를 풀어 갈 용기가 솟아날 것만 같았다.

드르니항의 시원한 바닷바람으로 답답한 가슴을 쓸어내리니 마음 깊이 웅크리고 있던 걱정을 털어 낼 용기가 생겼다. 마음에 어렴풋이 자리 잡았던 꿈, 글쓰기를 하겠다고 굳게 마음을 정했다. 할 일을 정하니 가슴이 후련해졌다.

벨 대학 친구들과 헤어지기 서운했지만, 건강히 지내다가 내년에 다시 만나자고 약속하고 드르니항을 떠났다.

함께 나누는 기쁨

앞에 앉아 있던 후배가 "선물이에요."라며 불쑥 상자를 내밀었다. 궁금하고도 고마워 서둘러 선물을 얼른 열어 보았다. 조심스럽게 선물을 펼치니 예쁜 부채가 나왔다. 부채 위에는 서예가인 그녀가 달필로 직접 쓴 시가 있었다. 등단을 축하하는 시였다. 나를 깊이 생각해 주는 그녀의 마음이 그곳에 깃들어 있었다.

"강의정 님 수필가 등단 축하

응시하던 눈길이 찰나를 나누고
시위 떠난 화살이 허공을 가르면
검붉은 동백꽃 하나 꺾어진다 하겠네.
　　　　　(김숙희 시, 정곡을 찌르다) 계묘년에 아름 씀"

나는 시를 음미하느라고 한참 동안 말을 잊고, 부채만 바라보다가 품에 안았다.

수필 등단을 축하한다며 대학 후배가 강남 신세계에서 만나자고 했다. 그녀가 말하는 장소를 정확히 알 수 없으니 세상살이에 점점 뒤쳐지는 듯해 당황했다. 그래서 찾기 쉬운 호남선 터미널에서 만나기로 했다. 언제 나타나려나 두리번거리고 있는데 후배 두 사람이 헐레벌떡이며 뛰어왔다. 반가워 그들을 얼싸안았다. 등단했다고 초대해 주는 후배가 있으니 고마울 뿐이다. 이런 후배를 만나니 기쁘고 반가웠다.

손에 손잡고 식당가로 갔지만 곳곳마다 손님으로 가득 차 자리를 잡을 수 없었다. 간신히 평양만두 집으로 들어갔다. 식사가 나오기 전에 그녀가 준 선물을 펼쳐 가슴에 안으며 고마운 마음을 전했다. "초대해 주고 선물까지 받으니 정말 영광입니다."라고 정중히 감사 인사말도 했다. 서예가로 여러 번 수상한 그녀는 "작품 완성에는 어려움도 있지만 기쁨도 크다."라며 계속 정진하라고 격려했다. 열렬한 축하를 받아 기뻤는데 그녀 작품전시회를 챙기지 못한 내 불찰이 생각나 미안함과 서운함이 밀려왔다.

이런저런 이야기를 나누는 사이에, 주먹만큼 큰 만두와 먹음직한 수육이 상 위에 차려졌다. 술은 없지만, 우리는 물로 축하 건배를 했다. 물잔이 부딪히자 쨍하는 소리가 사방으로 울려 퍼졌다.

"형님, 축하해요."

"아우, 고마워."

물컵을 부딪히는 소리에 어느 틈엔가 웃음의 바이러스가 번져 우리는 순식간에 들떠 행복해졌다.

나의 수필 등단에 그녀는 축하 메시지를 이미 보냈다. 그것으로도 나는 만족하고 감사했다. 그런데 그녀는 수십 년 써 온 세련된 솜씨로 적은 시가 담긴 부채를 별도로 선물하려고 식사 자리를 마련했다. 그녀의 마음이 고마울 뿐이었다. 요사이처럼 각박한 현실에서 타인의 기쁨과 행복을 깊이 생각하는 사람은 극히 드물다. 오히려 비방하고 질투하는 인색함에서 벗어나지 못하는 슬픈 상황인데 그녀는 일반 사람과는 아주 달랐다. 정성껏 선물을 준비해 나의 기쁨에 함께해 주니 마음속 깊이 고마웠다.

이웃에 기쁜 일이 있을 때 함께 축복해 주면 기쁨이 배가 된다며, 우리가 찾아와 축하해 주니 선배를 두 배로 행복하게 만든다고 너스레를 떨었다. 맞았다. 그녀들이 진정 고마웠다. 몸과 마음이 풀어져 낄낄거리고 웃으며 속내를 드러내기 시작했다. 옛날 직장생활을 할 때 일어났던 해프닝을 술술 풀어내기 시작했다. 억울했던 일, 슬펐던 일을 털어 내니 시원했다. 웃느라고 주먹 크기의 만두가 입 안으로 제대로 들어가지 않고 흰 스웨터에 고춧가루를 떨구었다. 처음에는 낄낄대며 웃다가 곧 웃음을 멈추고 급하게 비누가 묻은 물수건으로 닦아 내느라 온통 수선을 떨었다. 조금은 수선스러웠지만 맛있고 즐겁게 식사를 마쳤다. 식사 대기자가 눈치를 줘 서둘러 자리에서 일어났다.

기분이 상쾌해진 우리는 아직도 끝내지 못한 이야기를 풀어 보려고 짐을 챙겨 분위기 좋은 찻집을 찾아 발길을 옮겼다. 세상에 맙소사, 이 집도 저 집도 모두 여자 손님들로 가득 차 있었다. 간신히 찻집으로 가는 길옆에 의자 셋을 마련해 자리 잡았다. 그래도 우리 셋은 누구의 방해도 받지 않고 고스란히 우리끼리만 있는 것이 좋았다.

곧, 우리는 이곳까지 오느라고 잠시 멈추었던 이야기보따리를 다시 풀기 시작했다.

공식 모임에서는 자주 만났으나 특별히 사적으로 만날 기회가 없어 각자의 속마음을 터놓은 적은 없었다. 긴 세월이 흘러간 오늘, 찐 나를 알리고 참 너를 알 수 있는 절호의 기회가 온 것이다. 후배가 선배의 기쁨을 함께 나누는 정성 어린 모습에 반했고 그녀가 훌륭해 보였다. 이 멋진 후배 앞에서 이제는 나의 말도 행동도 신부님 앞에서 고백성사하듯이 진심이어야 했다. 걸러 내지 않고, 미사여구로 꾸며지지 않은 참말로 나의 감정을 말하기 시작했다. 뜻밖에도 후배들은 귀 기울여 한참을 듣더니 박수로 환호했다. 평소에 말 없이 듣기만 하던 선배가 솔직하고 담백하게 말하니 너무 시원했단다. 내가 느꼈던 것을 덧붙이지 않고 그대로 말하니 내 마음도 뻥 뚫렸다. 그 순간부터 우리는 세상 누구보다도 더 가까워진 선후배가 아닌 친구가 되었다.

남의 기쁨을 함께 나눈다는 것이 무엇보다도 소중하다는 것을 새롭게 터득했다.

이웃이 어려움을 당할 때 슬픔을 함께 나누는 것도 중요하고 의미가 크지만, 기쁨을 함께 나누는 것은, 다른 차원의 진실한 삶의 의미가 있다는 것을 새삼스럽게 알게 되었다. 앞으로는 슬픔은 물론 기쁨에도 동참할 수 있는 넉넉한 사람이 되어보련다.

나와 기쁨을 함께해 준 후배들에게 고마운 마음을 진솔하게 전하고 싶었다. 그래서 내년 따뜻한 봄날 멋진 곳에서 만나 다시 회포를 풀자고 굳게 약속했다. 후배들은 벌써 그날이 기대된다며 환하게 웃으며 헤어졌다.

3

홀로 선다는 것

나는 어떤 교사였나

싸늘한 바람이 불어오는데 어린 소년이 몸을 웅크린 채 버스를 기다리고 있었다. 왠지 안타깝고 궁금해서 어디 가느냐고 물었더니 영어 학원에 간다고 했다. 그에게 호기심이 발동해 이것저것 물었다. 초등 3학년인데 웬만한 말은 거침없이 줄줄 영어로 답했다. 그는 학원에서 외국인과 공부하니 무척 재미있다고 했다. 그가 신통하기는 했으나 어쩐지 마음이 썰렁해지며 우리나라 영어교육에 일어난 변화를 어떻게 받아들여야 할지 당황했다.

우리는 중·고등 6년간 영어를 줄기차게 공부했다. 그런데 외국에 나가면 울렁증으로 현지인과 자유롭게 말을 못 해 소통 불안으로 늘 상처를 입는다고 했다. 물건을 살 때도 정확히 상황 파악을 못 해 의사 불통으로 분통이 터진다고들 했다.

그렇다면 6년 이상 영어 공부에 애써 온 보람이 없단 말인가. 전통적으로 중·고교에서는 문법과 해석 중심으로 공부했고, 대학 4년은 소설, 수필을 배우는 정도지 회화를 배울 기회가 없었다. 그러니 영어로 대화하기는 어려웠다. 실제로 전공자들도 일상 대화는 어느 정도 쉽게 하지만, 각종 전문 영역에 부딪히면 곤혹스러웠다. 그렇다면 한국 영어 교육이 제대로 되고 있는지 걱정하지 않을 수 없다.

오랫동안 교육 현장에 있었지만 안타깝고 답답한 일이 많았다. 특히, '88올림픽'이 개최되면서 외국인을 상대해야 할 인재가 필요했다. 진행 요원 부족으로 운영이 어려워지자 불만이 폭발했다. 교육부는 영어 교육 정책의 부실함과 시대 변화에 따른 대처 능력 부족으로 신랄하게 비판받았다. 다급해진 교육부는 해결책을 내놓았다. 면피용으로 서둘러 영어 활용 수업을 추진해 개선하려 했으나 역부족이었다. 순차적으로 그동안 운영해 오던 어학 훈련실 language lab 운영을 강화했으나 도중에 중단됐고, 다음으로 수년간 원어민 교사 native speaker 활용 수업을 시도했으나 얼마 가지 못해 중단됐다. 이처럼 당국의 어설픈 정책 탓으로, 학교 영어 교육 실태는 수십 년 전과 크게 달라지지 않았다.

영어 전공자인 나는 미래 교사로서의 자격을 갖추었다고 자신하지는 못했다. 대학에서는 셰익스피어, 밀턴 등 고대영어로 된 작품, 영수필과 영시 등 영문학을 주로 공부했다. 독해력, 어휘력 향상을 위한 현대소설 강독이나 영어교수법 강의는 적었고, 회화실습도 없었다. 이런 상황에서 회화에 능숙한 교사를 배출하기는 어려웠다. 새로운 교수법도 제대로 모른 채, 전통적으로 실시해 오던 문법과 해석을 지도하며 20년간 유능한 교사처럼 지냈으니 부끄러웠다. 가끔 회화지도를 부분적으로 시도했지만, 70명을 대상으로 지도하기는 역부족으로 느껴져 자괴감까지 들었다.

학생을 가르치다 갑작스레 교육부 연구사 업무를 처리하면서 영어와의 고달픈 사투가 시작됐다. 90년도 각종 책자 번역, 외국인과의 면접 및 대담, 한국 교육실태 책자 Education in Korea를 편집·발간해야 했다. 대학에서 능숙한 회화 능력과 영어 실력이 습득됐다면, 업무 처리가 훨씬 쉬웠으리라는 아쉬움으로 마음이 늘 편치 않았고 고생이 심했다. 국가 기관 근무에는 회화 능력은 업무 처리에 바탕이 되었다. 수많은 변화가 일어날 미래 사회에 적응해서 난제를 해결하는 유일한 방법은 소통이다. 영어는 소통을 위한 만국 공통 도구이니 능숙한 회화 능력은 중요했다.

2000년 이후 세계와의 교류가 활성화되면서 영어에 관한 관심이 커졌다. 개인도, 사회도 더 이상 학교에만 의존할 수 없다고 여겨 사교육에 집중하기 시작했다. 조기 교육, 특별 수업, 해외 연수 등으로 각자 실력 향상을 위해 애쓰는 풍조가 일었다. 드디어, 사교육은 날개를 달고 영아 교육에서 성인 교육까지 활활 펼쳐 가고 있었다.

학교 교육에 더 이상 기대할 수 없는 지경에 이르렀다. 개인 불만이 들끓어도 교육 당국은 모르는 척 방관하며 정책 개선에 신경 쓰지 않으니 학교 교육은 기존의 틀에 머물러 있었다. 한심할 뿐이었다. 원어민 교사 채용이나 교사 해외 연수가 불가능하면, 적어도 국내에 연수 기관을 지정해 교사가 정규적으로 1년에 1회 이상 연수할 수 있는 제도적 조치라도 취해야 했다. 이것은 그네들이 필수적으로 연구해야 할 절대 과제라 생각되는데, 관심조차 보이지 않았다.

현장을 떠난 지 여러 해가 지난 지금 영어 교육은 어떻게 바뀌었을까? 교육 당국은 변하지 않았다. 교사들은 대체로 개인의 노력으로 변화를 다소 보였지만, 일부는 자기 발전을 위한 노력 부족으로 발음, 억양이 구태의연하고 영어로 의사 전달이 불가능해 학생들의 비아냥과 비판으로 참담하게 고민하고 있었다. 이런 상황과 달리 학생들은 큰 변화를 일으켰다. 어려운 수능 문제 지문을 척척 이해할 수 있고, 일부 특별 고교 출신은 외국 대학 강의 수강에도 어려움이 없다니 그나마 다행이다.

교육 분야의 변화는 영어 교육에만 국한된 것이 아니다. 많은 젊은이가 학교에서 습득한 방법으로는 진로를 찾지 못해 방황하고 있는 현실에서 국가와 교육 당국은 현시대에 알맞은 교육계획을 수립해야 한다. 교육부는 전통적 방법과는 달리, 미래 세대에 알맞은 교육 기법을 고안해, 교육 현장에서 구체적으로 실천할 수 있도록 제시해야 한다. 학교가 현시대에 알맞은 교육계획을 수립해 급변하는 미래 사회에 대처할 수 있는 인재를 책임지고 길러낼 수 있도록 제도적 조치가 이루어져야 한다.

  우리의 현실은 산업체마다 사업 계획에 따라 신규 채용을 줄이는 형편이다. 또한 AI 등장은 신규 채용에 부정적 영향을 주고 있다. 수많은 젊은이가 일자리를 찾지 못해 방황하는 현실을 보며 교육자였던 한 사람으로서 마음이 아프다. 국가와 교육부는 이 엄중한 현실을 깊이 인지해서 새로운 교육 방안을 계획하길 간절히 바란다.

 일에 미쳐 지냈던 날들

뚝딱거리더니 먼지가 푸시시 복도 바닥으로 떨어져 사방으로 번지니 숨이 막혔다. 게시물이 달랑 몇 개 붙어 있고 먼지로 뒤덮인 게시판이 바닥에 떨거덕 떨어졌다. 각층 마다 복도에 곧 떨어질 듯이 매달려 있는 30여 개 홍보 게시판을 모두 철거했다. 칠판 크기의 큰 게시판을 떼는 일은 보통 일이 아니었다. 기사들이 아침부터 진땀을 빼며 시작된 작업은 이십여 일이 지나서야 끝났다. 힘든 일을 하면서 교장을 원망했으리라 생각하니 좌불안석이었다. 고달프고 힘들었을 텐데 깨끗해진 복도 벽을 둘러보며 시원해져서 가슴이 확 트인다며 활짝 웃어 주어서 고마웠다.

2003년 9월, 여의도여고에 취임하면서 차량이 무섭게 질주하는 88도로를 새벽부터 운전해야 했다. 운전이 미숙한 나는 늘 긴장 상태였다. 차를 주차한 후에야 안도의 숨을 쉬었다. 나무마다 꽃이 곱게 핀 오솔길 따라 사무실로 발걸음을 옮겼다. 자리에 앉자마자 업무 계획을 챙기고 싶어 서둘러 서류를 점검했다.

취임하자마자 곧 학교 축제가 시작됐다. 각 교실이 축제장으로 변했다. 전교를 축제장으로 하려니 각 학급의 요구가 빗발쳤다. 기사들이 열심히 도왔지만 일이 늦어지자 불평만이 들끓었다. 온갖 소동과 혼란 속에서 간신히 축제가 끝났다. 축제의 의미는 없고 소요와 혼돈만이 남았다. 앞으로는 축제의 의미를 살릴 수 있는 잔치여야겠다고 다짐했다. 학생에게는 축제였으나 뒷일 처리하느라 애쓴 기사들은 온갖 불평으로 시달려 지쳤다. 안타깝고 고마워 특별히 그들을 격려했다.

이 학교 선임교장들은 교육청이나 교육부에서 큰 역할을 역임했던 분들이라 대외 활동이 많았다. 중학교 교장이었던 나는 주로 학교에 머물러 학교 살림을 하면서 지냈다. 그러다 보니 교정에 나가면 기사들과 자주 마주치곤 했다. 그들은 가만히 있을 수가 없었다. 그때마다 "저 인간이 오늘은 무엇을 하려고 하나?"라고 원망하는 듯해 인사하며 "기사님, 도와줘요."라는 말을 달고 다녔다. 그들은 어색한 미소로 어쩔 수 없이 다가왔다. 시간이 지나면서 친해지자 그들도 나와 한마음이 되어 이것저것 해 달라고 부탁까지 했다. 그들은 해야 할 일이 무언지 알고 있었다.

작업실이 없어 불편하다고 해 창고로 갔다. 그곳에는 고장 난 책걸상이 빼곡히 쌓여 있었다. 고물 책걸상, 온갖 잡동사니와 떼어 낸 게시판을 모두 제거해야 했다. 폐품 수거회사에 연락했더니 철거 비용이 만만치 않았다. 끈질기게 협상해 30% 할인받았다. 버릴 물건에 돈을 쓰려니 아깝긴 했지만 편리하게 일할 장소를 마련했으니 다행이었다. 기사들은 창고를 작업장으로 정비해서, 선반 위에 온갖 공구를 가지런히 갖추어 놓더니 공구를 꺼내 책걸상 보수 작업을 시작했다. 그네들이 서둘러 일하는 모습을 보니 그들은 일하기 싫었던 것이 아니라 일할 수 없었다.

잊을 수 없는 기사들의 도움이 하나 더 있다. 예산을 미리 책정해 놓지 않아 10여 년 넘게 무성히 자란 나무 정비를 할 수 없었다. 기사들은 길가에 있는 나무는 행정구청 도움을 받고, 교내 작은 나무는 자기네들이 틈틈이 정비하겠다고 제안했다. 함께 일하다 보니 가까워지면서 기사들은 교장에게 이런저런 조언을 하니 고마웠다. 마지막으로 행정 실장의 끈질긴 노력과 세심한 감독으로 교내외 페인트 작업을 깔끔하게 하니 학교가 새롭게 태어났다.

위와 같은 학교 운영을 교장은 누구나 해 오는 방법인데 이를 새삼스럽게 자랑하는 듯이 말하려니 쑥스러웠다. 사실은, 취임하자마자 일을 해 보겠다고 설치는 교장을 미워하지 않고 따뜻한 마음으로 도와준 기사님, 행정직원, 선생님에게 그때는 고맙다는 말을 전하지 못한 아쉬움이 밀려왔다. 세월이 지난 이제야 고마움과 미안함이 사무쳐 오니 이를 어찌하리오. 글로라도 그들에게 고마움을 표하고 싶었다.

그때쯤, SBS에서 교육상 선정 공문이 왔다. 교감은 예산 부족을 걱정하지 말고 교육상을 신청해, 상금을 받아 운영에 쓰자고 제안해 왔다. 그는 신청서를 직접 작성했다. 여러 상 중에서 택일해야 하는데 교감의 염려를 무릅쓰고 두려웠지만 '대상'을 선택했다. 교육감과 교육부의 추천으로 서류를 제출했다. SBS는 교직원과 기사를 통해 직접 학교 실태 파악을 했단다. 무엇보다도 교감의 치밀한 공문작성이 중요했다. 영광스럽게도 대상을 탄 덕분으로 2천만 원의 상금도 탔다. 드디어, 운 좋게도 학교에 도움을 줄 수 있으니 고마울 뿐이었다. 상금 절반을 학생사물함 제작에 활용했다. 어찌 알았는지 봉사 기관이 줄지어 도와 달라고 연락해 와 거절 못 하고, 많은 기부금도 냈다. 언제나 힘껏 격려하는 동문회에 도움을 주었고 가족에게는 기쁨의 선물도 했다. 아무리 생각해도 이 영광은 어려울 때 도와주었던 기사님 덕분이었는데 이 일 저 일로 정신없어 감사함을 표하지 못한 것이 안타까울 뿐이다.

얼마 전 절친이 네이버에 있는 2005. 05. 24. SBS 교육상 시상식 사진을 보내왔다. 20여 년 전이라 상 받은 일도 잊고 지냈는데 내 이름과 사진이 네이버에 있다니 놀라웠다. 잠시 흥분해서 지난 시절 회상에 빠져들었다. 평생 교직에 몸담았어도 늘 부족했다는 마음으로 살아왔던 나는 가르침의 마지막 장소인 여의도여고에서는 달라지고 싶었다. 교육을 위해 일할 마지막 기회이니 온 정열을 쏟아 보고 싶었다.

자기가 하고 싶은 일에 파묻혀 즐겁게 사는 삶이 참 행복임을 터득하게 되었다. 내 혼을 쏟아 학생을 돌보며 학교를 일구어 낼 수 있었던 시절은 참으로 귀중했다. 이처럼 소중했던 시절에 SBS 교육대상을 받은 것은 교육자에게는 큰 의미가 있어 감사할 뿐이다. 또다시 이런 열정을 쏟을 기회가 있을 수 없으니 나는 그 영광스러운 시절을 평생 잊지 못할 것 같다.

홀로 선다는 것

합창 연습에 몰두하며 즐겁게 지내고 있는데, 선생님은 단원이라면 누구나 독창곡을 하나씩 결정하라고 했다. 어처구니없었다. 합창 시도한 것도 대단한 용기인데 독창이라니 머리가 띵해졌다.

불안해하는 단원의 마음은 아랑곳하지 않고, 그녀는 어깨를 펴고 배에 힘을 주며 호흡을 가다듬어 피아노 반주에 맞추어 아~아~아 소리를 내라 했다. 마지못해 소리를 냈는데 어느샌가 목소리는 부드럽고 낭랑해지면서 뱃속까지 시원해지는 듯했다. 이렇게 시작된 합창이 두 달쯤 지나니 제대로 음정이 맞춰져 들을 만해졌다.

합창 연습 중에도, 독창이란 말이 머리에 뱅뱅 돌아 마음이 편치 않았다, 지금껏 한 번도 해 본 적이 없는데 이 나이에 어쩌란 말인가. 대중 앞에 홀로 서서 노래한다는 것을 평생 한 번도 생각해 본 적이 없었다. 합창 연습하며 노래에 빠져 그저 즐겁게 나날을 지냈는데 번뜩 정신이 들었다. 아무리 생각해도 독창은 어려웠다. 비겁하지만 이쯤에서 못한다고 우겨볼까. 얼마 동안 별 꾀를 다 내 보았지만 피할 길이 없어 난감했다. 몇 날 고민하다 어쩔 수 없이 귀에 익숙한 곡 '보리밭'을 골랐다.

귀에 익은 곡이라 쉬우리라 여겼는데 막상 해 보니 함정이 많았다. 성악가의 노래는 쉽게 이루어진 것이 아니었다. 타고난 재능에 온 정성을 다해 노래를 완성하려고 애써 왔음을 알게 됐다. 음악 문외한이며 노래도 잘하지 못하는 내가 독창을 하다니 말도 되지 않았다. 그렇지만 발등에 불이 떨어졌으니 노래가 익숙해질 때까지 성악가의 노래를 들으며 반복·연습했다. 몇몇 단원들은 특별히 개인지도를 받을 정도의 열정을 보였다. 그들이 대단하다고 여겨졌다. 준비가 부족한 나는 마음이 불안해졌다.

시연하던 날, 처음으로 대중 앞에 서니 온몸이 덜덜 떨렸다. 다행히 격려와 칭찬을 받아 용기를 얻어 더욱 연습에 몰두했다. 그런데 노래하기도 힘든데 마음을 불편하게 하는 일이 생겨 신경이 곤두섰다. 여자 단원들이 출연할 날 입을 의상을 갖고 나타났다. 그들은 수준이 높아 화려하고 세련된 성악가 의상을 준비했다. 정보가 없는 나는 멋진 옷을 빌리지 못하고 합창단 옷을 빌렸다. 그 정도면 되리라 여겼는데 다른 단원들 옷보다 너무 초라했다. 솔직히 나도 우아한 옷을 입고 싶었지만, 주변머리가 없어 우왕좌왕하다 좋은 옷을 구하지 못했다. 기가 죽어 연습도 제대로 하지 못했다. 노래를 잘하는 일이 더 중요하다고 마음을 다스리려 애썼다.

　드디어 공연 날이 되었다. 단원 전체가 합창을 두 곡 선창하면서 박수갈채로 공연장이 뒤흔들리는 듯했다. 열심히 연습한 보람이 있었다. 드디어 내가 그렇게 두려워하던 독창 순서가 되었다. 세상에 놀랍게도 단원들은 연습 때와는 달리 멋진 드레스를 입고 성악가처럼 섬세하고 세련된 가락을 뽑아냈다. 그들이 노래하는 모습을 보니 가슴이 두근두근, 통통 요동치기 시작해 성호를 그으면서 마음을 달랬다.

　내 차례가 되었다. 가슴 조아리며 덜덜 떨고 있던 나는 반주에 잘 맞출 수 있을지 걱정하며 청중 앞에 섰다. 떨리는 가슴을 진정하려고 우선 차분히 인사했다. 반주에 맞춰 노래가 시작됐고, 관중들은 내가 부르는 노래에 따라 보리밭 사잇길로 들어가 옛 생각에 잠기는 듯했다. 관객들이 열심히 들어주는 덕분에 평소보다 훨씬 잘 부를 수 있었다. 가족과 지인의 축하 꽃다발을 가슴에 한 아름 받았다. 감정이 북받치고 들떠 있어서인지 눈이 아른거려 아무것도 보이지 않았다.

　세월이 지나면서, 새로운 일을 하려면 늘 주눅 들어 생각으로만 머물던 일상에 변화가 생겼다. 성당 합창 참여와 강압적이지만 평생 처음 독창으로 홀로서기를 한 덕분에 신앙심에 변화가 생겼다.

종교라는 틀에 묶여 다니던 성당이 마음의 집으로 변했다. 교우들을 자주 만나면서 서먹서먹했던 감정이 사라졌다. 서슴없이 서로 다가와 성경 말씀을 나누며 마음의 간격을 좁혔다. 그뿐만 아니라, 심적인 변화를 일으켜 성당을 자주 찾아 기도하며 마음을 다잡는 새로운 신앙의 길을 찾았다.

노래에 빠져 지내다 보니 자질구레한 걱정 근심이 어느 순간에 모두 사라지는 듯했다. 더욱 고마운 것은 성당에서 노래 연습하는 사이에 나의 얄팍한 믿음이 굳어져 가는 것이 큰 보람이었다. 이 또한 축복이 아니겠는가.

간사한 마음

　가족들이 대장 검사를 받으라고 늘 졸라대 부담스러워 마음이 편치 않았다. 약물을 밤새도록 마시고 화장실을 들락날락할 일이 끔찍했다. 마지못해 압박에 못 이겨 검사를 받았다. 대장에 용종이 커져서 제거하지 않으면 암이 된다니 겁이 덜컥 났다. 대장 용종 세 개를 제거했는데 출혈이 심해 입원 치료했다. 그 이후로 폴립 노이로제로 예민해져, 위 검사도 받기로 했다. 비 수면으로 해야 위에 상처가 적다고 해 그러기로 했다. 단지 10분이었지만, 기구가 위로 들어가 휘젓는 내내 고통을 참아 내기 힘들어 혼이 다 빠져나가는 듯했다.

　며칠 후 의사의 말인즉, 대장은 5년 후에 재검사하면 된단다. 잠시 머뭇거리더니 그는 낮은 소리로 위장에 문제가 생겼다고 했다. 왠지 걱정스러워 마음이 조마조마해졌다. 암 인자가 확인됐다는 것이다. 갑자기 의사의 말소리가 멀리서 들리는 메아리처럼 울려 퍼졌다. 귀 기울여 들으려 했으나 그의 말소리는 귓가에서 윙윙거릴 뿐이었다.

내 위 속에 암이 자라고 있을 리가 없다고 우겨 보지만, 암이 생겼다는 충격으로 가슴이 두근거리고 아찔해졌다. 암은 오래도록 고생하다 생을 포기하게 되는 병인데, 그 무서운 병이 나에게 있으리라고는 꿈에도 생각해 본 적이 없었다.

의사는 수술 날짜를 잡자고 했지만, 그의 진단을 받아들일 수 없었다. 수술 결정을 미룬 뒤, 흥분을 가라앉히고 허둥지둥 병원을 나왔다. 눈앞에 길도 제대로 보이지 않아 돌부리에 부딪혀 발이 아팠다. 내가 이렇게 당황하리라고는 생각지 못했다. 친구가 암으로 치료를 받을 때는 자주 방문하며 함께 아픔을 나누기도 했었다. 그런데 막상 나에게 암이 생겼다니 눈앞이 캄캄했다. 무엇을 어떻게 해야 할지 막막해 무작정 걸었다. 암이라는 말을 하기 두려워 누구에게도 전화를 걸 수 없었다. 마음이 진정되지 않아 다리가 아픈지도 모른 채, 무작정 걷다가 지쳐 어느 건물 돌계단에 주저앉았다. 맥이 빠져 한참 멍하니 앉아 '어쩌지, 어쩌지'만 하염없이 중얼거렸다.

집에 돌아와 마음을 진정시키고 전화를 걸기 시작했다. 그렇지 않아도 갖가지 병으로 고생하는 터라, 놀란 가족들은 몰려와 큰 병원에서 재검진을 받자고 했다. 가족들은 암을 부정하고픈 내 마음을 알아챈 듯, 온갖 방법을 동원해 큰 병원 유명한 의사를 찾느라 애썼다. 재검진을 했지만 위에 암이 생긴 것은 사실이었다.

건강 검진 때마다 약 처방을 받았지만, 병에 관해 무식해 단순한 위염으로 여겨 약도 제대로 챙기지 않고 무작정 사는 일에만 몰두했다. 그런데 그 병은 암으로 가는 과정인 위축성위염, 장상피화생이란 무서운 병이었다. 그 사실을 듣고 주의력 부족한 나를 원망하고, 깊은 후회를 했지만 이미 때를 놓치고 말았다.

종합병원에서 진찰을 다시 시작했다. 담당 의사는 두려움에 질려 겁먹고 있는 나를 진정시키고 병 상태를 차분히 설명했다. 위장 일부에 암이 시작됐으니 그것을 제거하여 확산을 막자고 했다. 치료·관리하면 큰 위험은 없으니 암이 퍼지기 전에 수술하는 것만이 사는 길이라 했다. 운 좋게 초기에 발견됐으니 빨리 수술하여 건강을 찾자고 했다. 물속에 빠진 사람이 지푸라기라도 잡고 싶은 심정으로 그에게 매달리고 싶었다. 빨리 수술하면 건강을 찾게 된다는 그의 말이 머리에서 뱅뱅 돌면서 불안해서 덜덜 떨던 가슴이 다소 진정되었다.

2박 3일 입원해 위내시경 시술하기로 했다. 수술대 위에서 기다리는 시간은 두렵고 불안했다. 홀로 누워 있으니 수많은 생각이 오갔다. 의사들의 움직임을 살피다 어느새 잠이 들었다. 깨어 보니 병실이었다. 세 시간쯤 지났다. 수술이 잘 되었단다. 지름 5cm 원형 크기로 암 부위를 잘라 냈다. 수술 부위가 뻐근하고 아팠지만 참아 내려고 안간힘을 다했다. 무엇보다도 2박 3일 내내 먹지 못해 배고픔이 밀려왔다. 배가 아픈데 배고픔이 덮쳐 참을 수 없어 배를 움켜쥐고 병상에서 이리저리 나뒹굴었다. 살아날 수만 있다면 배고픈 것이 대수겠냐만, 그때는 참기 힘들어 발버둥을 쳤다.

2025년은 수술 후 8년째다. 매해 실시하는 위내시경 검사와 CT 촬영이 번거롭고 고통스러워 검사 받는 날이면 지겹다는 말이 절로 튀어나왔다. 보통 5년이면 회복된다는데 의사는 계속 검사 받으라 하니 짜증이 나기 시작했다. 병 발견 당시 낙담하여 덜덜 떨던 기억은 까맣게 잊고 불만을 터트리곤 했다. 그런데 오늘 의사는 "이제부터는 음식을 심하게 가려 먹지 않아도 됩니다."라고 했다. 나는 귀를 의심했지만 얼떨결에 "감사합니다."라는 말이 저절로 튀어나왔다. 갑작스러운 그의 제안이 고마워 불평했던 마음은 어느새 사라지고 나도 모르게 웃고 있었다. 돌이켜 보니 시시각각으로 간사하게 변하는 내 마음이 참으로 묘하기도 하고 부끄럽기도 했다.

어찌하든지 간에, 옛날처럼 편하게 세끼를 먹을 수 있으니 더 이상 바랄 일이 무엇이겠는가. 이런 축복이 나에게 오니 감사할 뿐이다. 따뜻한 봄날이 오면 내가 좋아하는 음식을 찾아 맛 기행을 떠나 보련다.

나도 한번 해 보고 싶다

　동문 모임에서 선배와 나란히 걷다가 '어머나'라고 깜짝 놀라 외쳤다. 나란히 걷고 있는 선배의 발을 보고 불현듯 나온 외침이었다. 팔순 중반의 노 할머니가 멋진 검정 샌들을 신었는데 발톱은 새빨갛게 칠해져 있었다. 상큼하고 시원해 보였다. 놀랐지만 멋졌다. 두꺼운 흰 양말에 운동화를 신고 뚜벅뚜벅 걷고 있는 나와 비교가 됐다.

　한국 걸스카우트연맹 총재를 역임하며 세련된 영어로 세계를 누비는 그녀는 노 할머니가 아니라며 노익장을 과시하려는 듯 당당했다. 나는 갑자기 기가 죽어 운동화 속 발가락을 꼼지락거리며 그녀 옆에서 조심스레 걸었다.

　사회 활동에 거침없는 여장부인 그녀가 일구어 온 업적은 자랑스러웠다. 그녀의 활동에 익숙했지만 우리는 늘 놀라워 찬사의 박수만을 보내곤 했다. 그런데 그녀의 빨간 페디큐어와 검정 샌들의 매력적인 모습은 내 마음을 크게 흔들었다. 예뻐 시샘이 난 것은 아니다. 젊을 때 마음껏 멋 부려 보지 못하고 지나가 버린 아름다움에의 로망, 그 서글픈 로망이 가슴 깊은 곳에서 울룩불룩 솟아오르려 했기 때문이었다. 단지 발톱에 매니큐어를 바른 것뿐인데, 잔잔했던 내 마음을 흔들기 시작했다.

 개인 여행이 아니고, 아직도 여전히 세계를 두루 다니며 온갖 세상일을 자신만만하게 헤쳐 나가는 그녀의 모습이 늘 좋아 보여 부러웠다. 물론, 하늘이 도와준다고 믿고 살아온 나는 세월에 시달려도 주눅 들지 않고 묵묵히 내 길을 왔다. 누구와도 비교하지 않고 내 삶에 몰두해 왔다. 그런데 이 나이에 예쁜 페디큐어에 마음이 꽂혀 설레고 있으니 나도 놀랐다. 아마 예쁘게 치장도 해 보지 못하고 아등바등 살아온 세월이 서운하고 야속했던가 보다.

 내가 손톱·발톱 가꾸기에 특별히 관심이 있는 데는 이유가 있다. 나는 결혼식 전날 생전 처음으로 손톱에 매니큐어를 칠했다. 곱고 예뻐서 틈만 나면 손톱을 힐끔힐끔 보며 미소 짓곤 했다. 그 이후로는 다시 손톱 손질하고 매니큐어를 바르지 못했다. 사느라고 바빠 손톱을 가다듬을 시간도, 마음의 여유도 없었다.
 사실은, 지금 선배의 대담하고 세련되게 칠해진 발톱을 보며 마음이 흔들렸던 일은 단지 부러움이 아니다. 그 이상으로 마음에 흔들림이 일고 있었다. 페디큐어로 곱게 칠했다는 그 자체가 문제가 된 것은 아니었다. 보통 나이가 들면 옛것만이 옳다고 고집하며 새 문화와 의식을 받아들이지 못하고 자기주장만 하는 경향이 있는데 그녀는 달랐다. 중요한 것은, 그 선배는 세월이 흘러 늙었어도 주눅 들지 않았다. 시대 변화에 알맞게 변화·적응하며 세월의 연륜을 여유롭게 보여 줘 주위 사람들을 놀라게 했다.

며칠 후 공원 숲으로 올라가는 길이었다. 가는 길목에 페디큐어 가게가 있다. 그곳을 지나가려면 내부가 늘 궁금해 기웃거렸다. 그러다가 안에 있는 사람과 눈이 마주치면 계면쩍어 쏜살같이 발걸음을 옮기곤 했다. 그러던 내가 오늘은 공원에서 내려오는 길에 페디큐어 가게를 지나다 발길을 돌려 갑자기 가게 문을 열고 들어갔다. 선배의 변신한 발 모습에 자극받아 그대로 지나칠 수 없었다.
어째서 할머니가 이곳에 왔냐고 묻는 듯 모두 나를 쳐다보았다. 그래도 부끄럽지는 않았다, 아가씨가 다가와 친절하게 맞이했다. 쑥스럽기는 했어도 용기를 내어 말했다. 이곳이 너무 재미있게 보여, 구경하러 왔는데 괜찮은지 물었다. 그리고는 선배의 페디큐어를 말하며 그것에 관심이 생겼다고 했더니, 반기며 앉으라고 했다.

그곳에 한참 머물면서 작업을 흥미롭게 살폈다. 그들은 예술 작품을 만들어 내느라 온 정성을 다했다. 손과 발을 깨끗이 씻고 마사지한 후 손님 취향에 따라 색깔과 모양을 선택했다. 그다음에 반짝

반짝 빛나는 보라, 분홍, 빨강, 검정, 고동색 등의 매니큐어를 골라 문양을 넣으며 색칠해 나갔다. 나는 그 아름다운 작업에 한참 빠져들었다. 엉뚱스럽게도 나는 어느 색을 고를지 생각해 봤다. 빨강은 화려하고 검정과 고동색은 어두웠다. 그래서 반짝반짝 빛나는 보라색을 택하기로 정하고 혼자 웃었다.

    예술 작품을 보느라 시간 가는 줄 모르고 앉아 있다 보니 계면쩍고 미안해 자리에서 일어섰다. 마음에 변화가 생기면 다시 오겠다고 하고 부리나케 뛰쳐나왔다. 사실은 다시 갈 일은 전혀 없을 것이라 여기면서도, 한참 구경하고 그대로 나올 수가 없어 빈말을 남긴 것이었다. 그런데 놀랍게도, 언젠가는 이곳에 와서 예쁘게 손톱이라도 곱게 다듬어 보아야겠다는 생각이 마음 한편에서 일고 있었다. 아무리 나이가 들어도 아름다움의 욕구는 여전하다고 여겨져 절로 웃음이 나왔다. 밤새 생각해 봤는데 나도 꼭 한번 해 봐야겠다.

작가는 인공지능과 협업할 수 있는가

영어과 동창회에 참석했다. 회의가 진행됐다. 학회장이 개인 사정으로 참석지 못한다고 중요 사항을 전해 왔다. 그 내용을 chat GPT 도움으로 영어로 번역해 유인물을 배포했다. 이 사실을 보고 너무 놀랐다. 그 표현은 내가 생각한 표현과는 다소 차이가 있어 어색하다는 느낌을 받았지만 놀라운 것은 제시한 내용을 짧은 시간 내에 영어로 번역했다는 것이다. 내가 번역했다면 시간이 많이 소요됐을 텐데, AI는 내용만 요약해 주면 단시간 내에 간략하게 번역해 내고 있다.

우리는 이미 2016년 세계적인 프로 바둑기사 이세돌과 인공지능 AI와의 바둑 대결에서 충격을 받았다. 나뿐만 아니라 세상 사람들은 이세돌의 압승을 예상했다. 기계가 감히 바둑 프로 9단, 세계 최고 바둑 기사를 이길 수 있겠냐는 생각이었다. 하지만 알파고는 5전 4승으로 이세돌을 완파했다. 바둑계뿐만 아니라, 나를 포함한 온 국민은 할 말을 잃고 풀이 죽고 말았다. 인간의 능력에는 한계가 있단 말인가.

몇 년 전, 한 물류센터를 방문했다. 작은 운동장 크기 정도의 공장 안은 물품들이 칸칸마다 빼곡히 산적해 있었다. 저렇게 높이 있는 물건을 어떻게 배송할까. 염려가 많이 됐다. 쓸데없는 걱정이었다. 기계가 나타나더니 높은 데 있는 물건을 내려 차에다 싣고 있다. 사람은 멀리서 기계를 조정했다. 물류산업 분야에서 AI의 물류 배송은 수십 년 전부터 체계적으로 이루어졌다. 그곳에서 배송 물건에 관한 복잡한 통계를 순식간에 합산·분류하는 상황을 보고 또한 놀랐다. 인간은 AI의 무한한 능력을 지지하며 계속 폭넓게 연구해 왔다. 그래서 우리나라뿐만 아니라 세계적으로 여러 분야에서 경제적 이익과 발전에 도움을 받고 있음을 잘 알고 있다.

그러더니 AI 활용이 다양하게 우리 생활 속으로 깊이 파고들었다. 실제로 집 안에서도 생활이 아주 편리해졌다. 밥솥은 밥이 완료됐다고 안내하고, TV를 켜 달라면 켜 주고, 마루 걸레질도 해 준다. 그뿐만이 아니다, 얼마 전, 식당에서 식사 주문하고 기다리는데 AI가 주문한 음식을 가득 싣고 나타났다. 왠지 어색하고 당황해서 얼떨결에 음식을 받으며 '감사합니다'라고 말하고 나는 멋쩍어 혼자 웃었다.

갑자기 변한 사회 현상을 보면서, 과학의 발전을 환영하면서도 두려움과 함께 공포가 밀려왔다. 인간의 한계가 느껴졌고 과학의 발전이 무한하다는 생각에 겁이 났다. 특히 chat GPT가 나타나더니 빠른 속도로 각 분야에 파급되어 큰 변화가 일어났다.

이미 챗 GPT는 우리 일상생활에 깊이 파고들었다. 전화를 걸면 '손님 무엇을 도와드릴까요.' 하면서 응답하는 것은 바로 그였다. 전화를 걸면 응답하던 바로 그가 벌써 가까이 와 있었는데 우리는 그 존재를 무심하게 받아들였다. 그런데 카톡처럼 채팅도 하고, 사람과 대화하듯 자연스럽게 말도 하고, 어려운 전문적인 질문에도 척척 대답도 했다. 이렇게 이로운 점이 있는데도 나를 불안하게 만드는 것은 인간이 스스로 만든 물건으로 말미암아 조종당한다는 느낌이 든다는 것이다.

더욱 문제가 되는 것은 그들이 눈 깜짝할 사이에 우리의 영적 세계까지 침입하여 인간의 정신세계를 흔들고 있다. 특히 나를 놀라게 한 것은 어느 사이에 인간이 아니면 할 수 없다고 생각했던 문학, 예술, 창작 분야에까지 들어온 것이다. 소설도 쓰고, 작곡도 한단다. 그들이 능력을 발휘하여 문학을 창작하는 것을 탓하지는 않는다. 단지 염려되는 것은 챗 GPT가 인간의 섬세한 감정을 완전히 파악하기는 힘들다고 여겨졌다. 때로는 나 자신도 내 감정을 정확히 표현할 수 없어 쩔쩔맬 때가 많다. 그런데 그들이 내 심리 상태를 정확히 파악해 그대로 감정을 살려 제대로 표현할 수 있다는 것에 동의할 수 없다. 무엇보다도 인간의 심리 상태는 다양하고 섬세한데, 일반적인 몇 마디로 결정지어 표현할 수는 없다고 본다. 더욱 놀라운 것은 제미나이 gemini 출현은 글 쓰고 계획하기뿐만 아니라 토론해서 생각을 끌어내는 일 brainstorming까지 시도해 실천하고 있다니 황당할 뿐이다. 일부에서는 그들이 인간 생활에 크게 도움을 준다고 환영할 것이다. 그리고 지금까지는 어떤 해를 끼치지 않으니 그저 시대 변화에 순응하며 편리하게 이용하면 된다고 주장할 수도 있다.

그런데 기계가 인간의 사고 영역까지 침범하여 나름대로 판단해 시행한다면 착오를 일으킬 수도 있을 것이다. 언젠가 이런 오류가 발생할 때, 이에 대처할 방안은 아직 마련되지 않았다. 또한 그들은 인간 영혼의 섬세하고 독자적인 특성을 살려 완벽하게 표현하기 어려울 것이라 확신하며 인간의 우수성과 독자성을 강조하고 싶다.

늦은 나이에 뒤늦게 나는 글을 쓰기 시작했다. 조심스럽게 겁을 내면서 시작했다. 타고난 문학적 감성이나 재능도 없이, 공부도 제대로 하지 않은 채 답답한 마음을 풀어 보려고 무작정 뛰어들었다. 글쓰기는 삶의 해결사는 아니더라도 내 마음을 달래 주는 조력자 역할을 톡톡히 하고 있다. 이렇게 편안한 마음으로 글을 쓰기 시작한 초보자에게 '챗 GPT', '제미나이'라는 강적이 나타났다. 그네들이 나의 감정을 더 정확히 표현한다고 해도 그들을 받아들일 수는 없다. 오랫동안 삶에 짓눌려서 묻어 두었던 나의 소중한 영혼의 샘이, 글을 쓰면서 이제야 간신히 살아나 꿈틀거리기 시작했다. 그런데 글을 쉽게 쓸 수 있다고 해서 내 영혼의 존재를 부정하고, 영혼이 없는 그들에게 매달릴 수는 없다. 나는 그들과 대적할만한 능력도 자신도 없다. 그렇다고 해서 그들이 말하는 대로 글을 쓰고 싶지도 않다. 단지 하루라도 빨리 나의 감정을 제대로 표현할 수 있는 능력을 길러 절대로 그네들의 도움 받지 않고 나의 마음을 편안하고 자유롭게 표현하는 방법을 터득해 보려고 한다.

4
그때 그 집

우리는 그렇게 만났다

대학 캠퍼스는 온통 남학생으로 가득 차 있었다. 여고 때 여학생 틈에서 재잘대던 때와는 달리 마음껏 웃고 떠들지 못했다. 남학생이 많으니 행동이 자유롭지 않았다. 그렇지만 시간이 지나면서 편안하게 친구와 담소하며 교내를 거닐 수 있었다.

그날은 어느 늦은 봄, 영수필 교수님을 기다리고 있었다. 강의실 문이 열리면서 한 남학생이 들어왔다. 조금 늦은 시간인데 여유롭게 잠시 머뭇거리더니 자리를 찾아 들어갔다. 영어과 학생도 동기생도 아닌 듯이 보였다. 이국적 모습을 지닌 학생의 자연스러운 행동은 눈길을 끌었다. 같은 과는 아니지만, 수업 시간에는 그의 존재를 쉽게 알 수 있었다. 곧 긴 방학이 시작되면서 그에 대한 호기심도 자연히 사라졌다.

신학기가 시작됐지만 캠퍼스 어디에서도 그의 모습을 볼 수 없었다. 그에게 특별한 관심은 없었는데, 언제부턴지 내 가슴에 씨앗 하나 떨어져 그가 궁금해지기 시작했다. 강의 시간에 나타났다가 홀연히 사라진 그는 영화 속에서 감명을 주었던 주인공처럼 가슴에 고스란히 남았다. 대학 생활을 즐길 줄도 모르고 도서관에 가고, 야간에는 학생 지도가 삶의 전부인 나는 말 한번 나누지 않은 그가 가끔 머리에 떠올랐다. 무심결에 떨어진 꽃씨 하나가 내 맘에서 싹이 돋아나고 있었다,

여러 해가 흘렀다. 하루는 교문을 들어가는데 멀리서 한 남학생이 걸어오고 있었다. 코앞까지 다가온 그는 지금 등교하냐고 인사해 당황했다. 다소 변한 모습에 머뭇거리다 자세히 바라보니, 몇 년 전 어느 날 갑자기 사라진 그 학생이었다.

우리는 함께 교정을 걸었다. 그는 묻기도 전에 군 복무를 마치고 복학했다고 했다. 무엇을 말해야 할지 모르는 듯 한참 망설이더니, 한번 만날 수 있냐고 물었다. 그에게 호기심이 발동해 궁금하던 터라 머뭇거리다가 그러기로 했다. 어색했던지 만날 시간, 장소가 적힌 쪽지를 주고는 급한 용무를 마친 듯, 급히 인사하고는 사라졌다.

얼마 후 우리는 한 빵집에서 만났다. 어색하고 부끄럽기도 해서 나는 얼굴이 벌겋게 달아올랐고 그도 긴장했는지 더듬거리면서 말을 이어갔다. 강의실에서 나를 보았고 인상이 좋았단다. 며칠 후 군에 입대할 처지라 고민만 하다가 입대했지만 군 복무 중에도 내가

머리에서 떠나질 않았단다. 복학하자마자 우선 나의 안부를 확인했더니 관심을 보이는 남학생들이 있다고 해 직접 확인하기로 했단다. 그러면서 깊이 사귀는 사람이 있느냐고 물었다. 나는 한참 망설이다가 그런 사람은 없고 관심을 보이는 사람은 있다고 답했다.

그 후 우리는 여러 번 만났다. 처음에는 머무적거렸지만 거침없는 만남이 시작됐다. 며칠이 지나면 다시 보고 싶어 또 만났다. 좋아하는 사람을 만나 서로 바라보며 속삭이는 것이 좋았다. 무엇을 이야기했는지 기억하지 못했지만, 함께 있으며 이야기를 나누는 것만으로도 행복했다. 우리는 어느 영국 시인의 시 "밀밭에서 나왔다고 왜들 야단 야? 키스 한 번 했기로서니 웃긴 왜 웃어? 누군들 없나 다들 있지, 정든 님 하나."를 되풀이해 암송하며 웃고 또 웃었다. 우리의 애틋한 마음을 절실히 말해 주는 시여서 그와 나는 그것을 너무 좋아해 수없이 암송했다.

그러던 중 교수님 한 분이 면담을 요청하셔서 교수실로 갔다. 그분은 선배 한 사람을 추천하며 좋은 사람이니 잘 사귀어 보라고 했다. "좋은 학생임을 알고 있지만 감정을 강요할 수는 없습니다."라는 말을 남기고 나오는데 부끄러워 얼굴이 확 달아올랐다. 막 연애를 시작해 몰입해 있는데 교수님 말이 귀에 들어올 리 없었다.

우리의 사랑을 누구에겐가 전하고 싶었다. 우선 용기를 내 엄마에게 말했다. 전통적인 그녀는 연애 자체가 마땅치 않다고 했다. 집안에서 좋은 자리 중매가 들어오는데 연애라니 말도 하지 말라는 것이다. 나는 고민에 빠져 며칠 밤을 하얗게 지새웠다. 연애나 결혼 상대는 가문, 집안 형편, 출세 가능성을 참고해야 한다고 고집하는 그녀가 답답하고 싫었다. 그가 결혼 대상으로는 부적합하다고 압박했지만, 처음으로 마음을 나누었던 사람인데 어떻게 만남을 쉽게 끝낼 수 있겠는가.

설상가상으로 어느 날 놀라운 사건이 있었다. 지난번 교수님이 추천했던 학생이 집으로 찾아온 것이다. 우리는 모두 놀랐다. 학생은 엄마에게 절을 한 후 나와의 사귐을 허락해 달라고 요청했다. 엄마는 우리 딸은 마음을 정한 사람이 있다고 침착하고 단호하게 말하며 그를 설득하려고 애썼다. 그는 내가 만나는 사람이 본인이 잘 아는 선배임을 확인했다. 그 선배는 성실하고 꿈이 큰 건강한 청년이라고 전했다. 그는 더 이상 말없이 돌아갔지만 나는 왠지 미안해 대문 앞에서 서성거렸다.

그 사건 후 어머니는 딸이 만나는 사람이 시골 청년이지만 성실한 좋은 사람임을 알게 된 탓인지 잔소리가 줄었고 외출금지령도 완화되었다. 자식을 이기는 부모가 없다더니 어머니는 딸을 설득하기를 포기한 듯싶었다.

몇 달이 지나 어머니는 그를 데려오라고 했다. 정성껏 음식을 마련하여 대접했다. 대화를 나누면서 서로를 이해하게 되었고 헤어질 때는 어머니의 얼굴에는 편한 미소가 번졌다. 나는 덩달아 마음이 푸근해졌다. 어쩌면 나는 그와 한집 식구가 될 듯했다.

# 철부지 새댁의 하루

따뜻한 햇살을 받으며 흰색 세단이 꽃과 리본으로 예쁘게 단장한 채, 예식장 앞에 있다. 요즘의 화려한 신혼여행 모습을 보면서 옛 시절 나의 신혼 때가 생각났다.

신혼여행을 마치고 서둘러 시댁으로 가기로 했다. 서울역은 사람들로 북적였다. 예매하지 않아 표를 사러 매표소로 갔다. 긴 줄에 서서 한참 기다렸으나 우리는 지루한 줄도 모르고 즐겁기만 했다.

출발 시간이 되어 서둘러 기차 안으로 들어가 나란히 앉았다. 새벽부터 서둘러 나오느라 피곤했는지 우리 둘은 어느 틈에 잠에 곯아떨어졌다. 시간이 얼마나 지났는지 깨어 보니 벌써 대전 가까이에 와 있었다.

드디어 대전역에 도착했다. 짐을 주섬주섬 챙겨 들고 택시를 잡아탄 후 시댁으로 달렸다. 차가 집까지 갈 수 없어 다시 짐을 챙겨

들고 논길 밭길을 따라 한참 걸었다. 초행길이라 흥분되어 가슴이 두근거렸다. 설레어 논길에 서서 멈칫멈칫하다가 저 멀리 마을 어귀에서 기다리는 사람들이 보여 발길을 재촉했다.

대전은 큰 도시지만, 내가 결혼할 즈음에는 시댁은 변두리에 있는 농촌 마을이었다. 마을 근처에 가니 친척들이 줄지어 늘어서서 새색시를 맞이하느라고 소란을 떨었다. 부끄러워 나는 어색한 미소로 답했다. 큰 대문 안으로 들어갔다. 시어른과 형제들이 웃으며 반갑게 맞이해 줘 그런대로 서먹함이 사라지고 훨씬 편해졌다. 한복으로 갈아입고 시어른께 예를 갖춰 큰절을 했다. 큰절이 익숙지 않아 여러 차례 실수할 뻔했는데 시누이가 도와줘 간신히 해냈다. 새 환경이 두려워 마음이 얼음처럼 굳어 버린 새댁은 낯선 얼굴들 틈에서 자연스럽게 행동하기는 쉽지 않았다.

시어머님은 빙그레 웃으시고 서먹서먹해하는 나의 등을 두드리며 맞아 주었다. 공무원이었던 시아버님을 대신해 그녀는 집안일과 농사일을 완전히 도맡아 하는 억척스러운 살림꾼이었다. 시어머니는 6남매를 키우기 위해 평생을 살아 온 소박하지만 부지런한 아낙이었다. 아마도 그녀는 서울에서 대학 나온 장남 며느리가 마땅치 않았을지도 모른다. 어쩌면 집안일을 도울 수 있는 듬직한 며느리를 원했을 거란 생각도 들었다. 시댁 어른들이 서울 처녀를 어떻게 생각하는지 상황은 알 수 없었어도, 아들이 좋아서 결혼한다고 하니 말리지는 못했을 것이다. 나는 열심히 사는 모범 처녀인데 그들의 눈에는 단지 서울서 온 젊고 철없는 색시였다.

나는 가만히 앉아 있을 수 없어 옷을 갈아입고 부엌으로 내려갔다. 조금이라도 돕고 싶었다. 시누이들은 부엌에서 잔칫날처럼 저녁상을 차리느라 북새통이었다. 정말로 눈코 뜰 사이 없이 바빠 보였다. 친척들과 새색시가 왔으니 최상의 식사를 마련하려고 애쓰는 듯 보였다. 부엌 안은 가마솥에 장작을 피워 연기가 자욱했지만 맛난 냄새가 솔솔 번져 나왔다. 그곳은 참 따스했다. 맛깔스러운 반찬이 가득 올려진 밥상이 차려져 시댁 식구와 새색시와의 첫 식사는 조심스럽지만 기쁨에 넘쳤다.

손님이 가고 부엌일을 끝낸 후, 나 홀로 우리의 잠자리 사랑채로 향했다. 사랑채 옆 외양간에는 엄마 소와 송아지가 보였다. 지나가다 소의 왕 눈과 마주쳐 무서워서 돌아서려니, 소도 낯설고 놀랐는지 몸을 뒤뚱거리면서 뒷발질을 시작했다. 송아지가 엄마 소 옆으로 바짝 다가섰다. 송아지도 내가 낯설고 무서웠나 보다. 외양간을 지나 화장실을 가자니 불안하고 겁이 났다. 여러 가지로 불편하고 어려웠지만, 꾹 참고 쏜살같이 그들 옆을 지나 사랑채로 들어갔다.

신랑은 가족들과 어울려 떠드느라 새댁에게는 신경 쓸 짬도 없는 듯했다. 혼자서 사랑채 방에 앉아 그날 하루를 돌이켜 보았다. 하루가 그렇게 길게 느껴지긴 처음이었다, 한 번도 겪어 보지 않았던 분위기 속에서 나는 영혼이 빠져나간 듯 멍했다.

　날이 춥다고 뜨겁게 방을 달구어 놓아, 숨쉬기도 힘들었어도 꼼짝없이 앉아 있었다. 혼자 방에 앉아 '나는 누구인가, 왜 여기에 있는가.' 곰곰이 생각했다. 불현듯 어머니가 하던 말이 생각났다. "저 순진한 애가 세상 물정 모르고, 사랑에 빠져 타지방 사람과 결혼하겠다니 기가 막히네. 어디에 사는 누군지도 모르는데 시집을 간다니 걱정이 태산이야."라는 말이 갑자기 떠올라 울컥하여 눈물이 핑 돌았다. 그녀를 어기면서 결혼하겠다고 우겨댔으니 얼마나 마음이 아팠을까. 그녀의 마음을 전혀 헤아릴 줄 모르는 딸이 얼마나 야속했을까. 뒤늦었지만, 어느 정도 그녀가 반대했던 이유를 알 듯했다. 친구들은 영리하게 이것저것 따져 가며 잘도 선택해 살아가는데, 나는 앞으로 펼쳐질 미래를 따져볼 줄도 모르고 무조건 그냥 그 사람이 좋아 결혼하겠다고 했다. 그렇게 어머니의 염려를 무시했으면서, 뒤늦게 무엇을 걱정하고 있는지 어처구니가 없었다.

　안방에서는 가끔 웃음소리가 나면서 시끌벅적하며 떠드는 소리가 흘러나왔다. 저 먼 곳에서 개 짖는 소리가 간간이 들려왔다. 하지만 주변에서 일어나는 어떤 움직임에도 익숙지 않아 한없이 짓눌러, 점점 낯설어지더니 넋이 나간 듯 혼미해졌다. 안타깝게도, 앞으로 어떻게 살아가야 할지 곰곰이 생각했으나 왠지 앞날을 상상할 수 없고 걱정스럽기만 해 기운이 쭉 빠졌다.

그때 그 집

어쩐 일로 남편이 대낮에 집에 나타났다. 놀라서 무슨 일이냐고 물었더니 이사 갈 집을 찾았으니 보러 가자고 했다. 4년마다 전근하다 보니 원거리로 배정될 때는 집을 이사해야 했다. 며칠째 이사 갈 집을 찾기 위해 근무할 학교 주변을 헤매고 다녔지만 알맞은 곳이 없었다. 이 시기가 되면 늘 불안해 일이 손에 잡히지 않았다.

이번 발령지는 버스를 두 번 갈아 타고 가는 먼 곳이었다. 전근 때마다 당하는 일이지만, 이번에는 유난히 일이 손에 잡히지 않아 안절부절못하다가 직장을 그만두어야겠다고 마음먹었다. 남편에게 내 뜻을 어떻게 전할지 몰라 고민하는데, 우리에게 딱 맞는 집이 있다고 부동산에서 연락이 왔으니 집을 보러 가자고 재촉했다. 별로 내키지 않았지만 마지못해 따라나섰다.

중개업자는 새로 지은 집이고 아파트와 달리 아이들이 놀 수 있는 마당도 있다고 하며 부리나케 택시를 잡아탔다. 아이들이 놀 수 있는 뜰이 있다는 말에 귀가 번쩍 뜨였다. 아직 가 보지도 않았는데, 상상만으로도 내 마음을 흔들어 놓아 조금 설레기까지 했다. 그런데 아쉽게도 차는 한참 달리다가 버스 정류장을 지나 계속 가더니, 꼬불꼬불한 골목을 지나 언덕을 올라 어느 집 앞에서 멈췄다.

대문을 열고 들어가니 잔디가 깔려 있고 빨간 지붕에 붉은 벽돌로 된 그림 같은 집이 눈앞에 나타났다. 꿈속에서 꿈꾸던 예쁜 집이 바로 내 앞에 있었다. 잔디를 밟을세라 조심하며 좁은 길 따라 집 안으로 들어갔다. 현관문 안으로 들어가니 내부는 아기자기하고 남향을 향한 크고 탁 트인 안방과 넓은 거실이 눈에 들어왔다. 거실 앞 발코니에 서서 넓은 정원에서 아이들이 뛰어노는 모습을 어렴풋이 상상해 보았다. 생각만 했는데도 입가에 미소가 절로 번졌다.

그런데 이 집은 뜰도 있고 예쁘지만 쉽게 결정하기에는 꺼려졌다. 버스 정류장이 멀고, 높은 지역에 있어 발령 학교까지 오래 걸어가야 하는 흠이 있었다. 집에서 정류장까지 한참 걸어 내려가도, 학교로 가는 차가 없어 길 건너편 산 중턱까지 다시 걸어가야 했다. 눈이나 비가 올 때는 땅이 미끄러워 힘들 것 같았다. 학교까지 적어도 40분 이상 걸어야만 하는 고민이 있지만, 그런 것은 문제가 되지 않았다. 무엇보다도 아이들 초등학교가 가까우니 최고라고 여겼다.

아이들이 걸어서 학교에 간다는 것이 좋았다. 두말할 것 없이 우리는 계약하기로 했다.

드디어 꿈의 궁전으로 온 가족이 이사했다. 이곳은 지금까지 살아온 집 중에서 가장 아름다운 곳이었다. 아이들은 이리저리 신나서 뛰어다녔다. 서둘러 화원에 가서 꽃모종, 꽃삽과 물뿌리개를 사왔다. 안방 앞에 있는 화단에 딸아이는 앞장서 꽃모종을 심기 시작했다. 그동안 풀 한 포기 없는 삭막한 환경에서 자란 아이들은 신나서 채송화, 맨드라미, 봉숭아, 국화를 빼곡히 심고 매일 물을 주느라 바빴다. 여름에는 예쁜 꽃이 피는 것을 보았고 늦가을에는 국화 향기를 만끽했다. 추운 겨울이 오면 화단은 아들의 장난감 전쟁 놀이터가 되었다.

이 아늑한 궁전은 우리 온 가족의 꿈을 일구어 주었던 터전이었다. 그곳에서의 하루하루는 희망으로 넘쳐 활기차 늘 가슴이 벅차올랐다. 아이들이 넓은 잔디밭에서 늘 재미있게 놀고 있으니 행복했다. 한 가지 어려움이 있다면 잔디와 나무를 관리하는 일인데 남편은 외부 활동으로 늘 바빴다. 이번에는 국제포럼 참석으로 바쁜 척 부산을 떨었다. 잔디 깎기를 나에게 맡기는 것이 미웠지만 웃으며 받아 주었다.

그러나 우리의 삶의 길은 만만치 않았다. 우연한 사고로 내게 찾아 든 병마는 온 가족의 꿈을 앗아가 실의에 빠지게 했다. 어릴 때는 엄마의 손길이 필요한데 아이들을 돌볼 수 없어 마음은 갈기갈기 찢어졌다. 한 발자국도 움직일 수가 없었다. 캄캄하고 어두운 지하에 파묻혀 있는 느낌이었다. 꿈은 모두 사라진 채 나의 삶은 거기서 멈추어 버리고 말았다. 심한 병마에 빠져 허우적거리다 이제 간신히 일어난 지 십 년도 채 지나지 않았는데, 또다시 병마의 늪에 빠져 버렸다. 너무 억울하고 원통해 신에게 수없이 넋두리했지만 회복될 기미는 보이지 않았다. 더 이상 내 의지로 버틸 수 없어 기진맥진한 나는 신의 섭리에 굴복하며, 정상적인 삶을 갖게 해 달라고 끝없이 기도했다. 내 꿈의 집 거실에 앉아 뜰에서 뛰어노는 아이들을 바라보는 것만이 나의 유일한 소망이오니, 이를 이루게 해 달라고 밤낮으로 두 손 모아 신께 빌고 빌었다.

애절한 기도가 통했는지 심한 병고를 오래 겪고 나서야 간신히 발을 딛고 일어섰다. 나의 행복 궁전에서 2년간 끈질긴 병과의 사투 끝에 살아나 새 삶을 다시 시작했다. 그곳은 행복과 고통을 함께 했던 내 삶에서 잊을 수 없는 애증의 터전이었다. 인생 굴곡의 파노라마를 아련히 느끼게 하는 갖가지 절묘한 순간을 떠올리게 하는 그 집을 평생 잊을 수 없다.

그런데 아직도, 아들을 위해 심었던 전나무, 딸이 좋아했던 꽃들, 먼지가 쌓일세라 닦던 장독 위 큰 독과 작은 항아리가 끊을 수 없는 끈끈한 인연이 맺어 있는 듯, 눈에 아른거려 가끔 먼 하늘을 멍하니 바라본다.

애주가와의 삶

나는 술 마시는 법을 우아하게 배웠다. 영문과를 졸업했으나 회화가 능숙지 못해 고민하다가, 미8군 영내에서 각국 학생들과 회화 공부를 했다. 주제에 따라 토론하고 질의하는 모임이었다. 힘에 부치기도 했지만, 그들과의 교류는 흥미로웠다. 미지의 세계를 알 수 있는 즐거움도 컸다. 특히 나의 마음을 끌었던 것은, 회의가 끝나면 어김없이 파티를 열어 술을 나누며 축배를 들었다. 모두 큰소리로 치어즈 cheers 라고 함성을 외쳤다. 그리고는 술잔이 연달아 쨍쨍하며 부딪히는 소리가 번져 더욱 분위기를 띄웠다. 참 멋졌다. 술을 마시면 나의 서툰 영어가 날개를 단 듯 좔좔 쏟아져 나왔다. 문법도, 어순도 틀렸지만, 그들은 모두 알아듣고 환영했다. 술은 영어로 말하기를 수줍어했던 내게 용기를 주었다.

술은 사람을 변하게 하는 묘약인가 보다. 직장에서 송·환영회 때는 식사하며 소주나 맥주를 마시며 정을 나눴다. 그때 마신 소주는 요사이 술과는 달리 도수가 높아 톡 쏘는 맛이나 여자들은 마지못해 소주를 한잔 받아 식사 도중 조금씩 마셨다. 분위기가 무르익으면 평상시 얌전하고 과묵했던 사람이 말이 많아지며 희한하게 갖가지 쇼를 하곤 했다. 그러면 힘든 일로 쌓인 피로가 싹 가시고, 분위기는 화기애애해져 웃음이 사방에 번졌다.

수많은 세월이 지났어도 마음속에 새겨진 술 이야기가 하나 있다. 결혼하고 몇 해 지났는데 남편은 데이트 장소였던 남산에 가자고 했다. 목멱산(남산) 의자가 그리워졌다고 여겼는데, 놀랍게도 남산타워 레스토랑으로 안내했다. 늘 짜장면, 설렁탕만 먹던 사람이 어쩐 일이지. 마음이 부풀어 굳이 사양치 않고 그곳으로 들어갔다. 바로 눈 앞에 펼쳐진 화려한 야경에 가슴이 두근거리고 설렜다. 그곳은 조금 전까지 우리가 아우성치며 살았던 곳이 아닌 듯, 환하게 빛나고 있었다. 꿈과 희망만이 있을 듯한 천국이 눈앞에 펼쳐졌다. 이곳에서 남편은 아내의 서러움을 다독여 주고 싶었나 보다.

처음으로 온 곳이라 촌스럽게 여기저기 두리번거렸다. 음식 주문을 어찌해야 할지 당황했다. 그 당시에는 흔치 않은 스테이크를 주문했다. 포도주 종류도 모르면서 얼결에 두 잔만 주문했다. 우리의 형편에는 버거웠다. 양식과 곁들여 포도주가 나왔다. 포도주는 지금과는 달리 옛날에는 귀했다. 포도주를 곁들인 식사는 처음이라 어색했지만 '쨍' 소리를 내며 잔을 부딪혔다. 달콤하고 향긋한 향이 번져와 어느샌가 향에 취해 서로 마주 보며 웃었다. 고기에 곁들여 홀짝홀짝 마시니 술맛이 한결 좋았다. 결혼 후 처음으로 멋진 레스토랑에서 단둘이 마시는 술맛은 얼뜨기 아내 마음을 달래기에 만점이었다. 황홀한 야경과 향긋한 포도 향에 취해 우리의 대화는 시간 가는 줄 몰랐다.

남편은 테니스가 취미이고 서울 대표선수로 나갈 정도니, 허구한 날 퇴근 후나 주말에는 운동만 했다. 그리고는 자주 술잔치가 벌어져 제때 귀가가 힘들곤 했다. 그 시절에는 양주 마시기가 유행이었다. 돌아가면서 양주를 가져와 잔치를 벌였다. 보약이나 되는 듯이 마시고 마셨다. 나는 그것이 싫어 진저리를 쳤다.

안타깝게도, 마시기로 끝내지 않고 유행 따라 술을 사 모으기 시작했다. 결혼 후에 알게 된 사실인데 남편은 애주가였다. 스카치위스키를 사려고 무던히도 애를 썼다. 발렌타인, 시바스 리갈, 로얄 살루트 등을 사 보려 했지만 비싸서 엄두도 내지 못했다. 솔직히 그 술들은 여러모로 그네들 수준에 맞지 않았는데, 그것을 모르고 미친 듯이 빠져드는 모습이 안쓰럽지만 말릴 수 없었다. 용돈을 아끼고 아껴 세상에서 가장 귀중한 보물처럼 사서 깊이 보관했다. 아내에게 기념 반지라도 하나 선물하면 기뻐서 펄펄 날 텐데, 술만 사 모았다.

술에 관해 불만이 많았지만 '서당 개 3년이면 풍월을 읊는다.' 했던가. 애주가와 살다 보니 어느 사이엔가 그가 좋아하는 술을 보면 사서 선물하기도 했다. 그럴 때면 기쁨을 감추지 못해 그의 얼굴은 온통 웃음으로 가득 찼다. 격하게 흥분된 그는 나와 술을 안고 방 안에서 빙빙 돌았다. 그가 술 마시는 것을 싫어하는 나의 본심도 모르고, 철없는 아이처럼 무작정 좋아하던 그의 모습은 어처구니없었다.

몇 년 전 외국에서 돌아오면서 세련된 포장에 끌려 위스키 로얄 살루트를 샀다. 술맛은 기억나지 않지만 멋진 포장에 매료되었다. 위스키는 우수한 품질의 보리(백아)와 스코틀랜드의 아주 깨끗하고 순수한 물에 효모를 넣고 발효시켜 만든 좋은 양조주라는 것을 애주가인 남편에게서 들어 알고 있었다. 포장 상자에는 오크 통에 21년 보관한 후, 도자기 병에 넣은 귀중한 술이라고 선전했다. 1953년 6월 2일 개시했고 엘리자베스 2세 즉위 시 존경 표시로 여왕께 증정해 왕실로부터 극찬받았다고 하니, 정말로 좋은 것이라 여겨져 잘 샀다는 생각이 들었다.

내가 술을 선물할 때마다 싱글벙글 웃던 그의 얼굴이 스쳤다. 술을 귀중한 보물처럼 품속에 안고 나타나 장 속 깊숙이 넣어 두던 모습도 눈에 선했다. 나도 그가 했던 것처럼 술병을 귀중한 보물을 안듯이 가슴 속에 꼭 품고 집으로 가져왔다. 지금도 그 술은 우리 집 마루 진열장에서 당당한 기세를 내뿜으며 우아하게 자리 잡고 있다.

# 목멱산 의자

코로나로 꼼짝없이 집에만 틀어박혀 있어 답답하고 우울했다. 친구가 목멱산(남산)으로 등산 가자고 하니 마음이 들떴다. 초봄인데 구름 한 점 없는 파란 하늘도 내 마음을 흔들었다. 옛날에 연인과 즐겨 왔던 이 길은 나에게 너무나도 익숙한데 오늘은 친구들과 동행했다. 오랜만에 걸으니 또 다른 설렘이 일기 시작했다.

드디어 남산 입구에 도착했다. 앞에는 쭉 펼쳐진 산책길이 나타났다. 길이 평평하고 완만해 걷고 싶다는 충동이 꿈틀거렸다. 오랜만에 걸으려니 왠지 가슴이 두근거렸다. 무릎이 아픈 것은 질병이 아니라 나이 드는 징조라고 마음을 다스리니 한결 몸과 마음이 가벼워졌다. 목적지까지는 천천히 걸어 한 시간 정도란다. 걷다 아프면 어떻게 하지. 살짝 긴장됐지만 뒤지지 않으려고 조심스럽게 발길을 내디뎠다.

남산은 내게 친근한 산이다. 젊었을 때는 연인인 남편과 걸었던 길, 나이 들어서는 땀 흘리며 걷는 최고의 하이킹 코스로 여겨져 자주 찾았던 곳이다. 이곳은 계절마다 색다른 변화로 나에게 기쁨을 주었다. 그런데 오늘 남산은 여느 때와는 다르다. 이제 막 봄이 오려는데 며칠 전부터 갑자기 날이 더워지더니 꽃들은 참지 못하고 난리를 떨고 있다. 코로나와 긴 겨울에 얼어 버린 내 몸과 마음까지도 덩달아 스르르 녹아 버렸다. 추운 겨울 집 안 구석에만 틀어박혀 있느라 죽은 듯이 움츠리고 있던 내 몸의 세포까지도 살아나 꿈틀거렸다. 무릎이 아프지만 다른 친구들에게 뒤질세라 발걸음을 재촉했다. 친구를 따라 걷지 못 하리라는 걱정은 괜한 기우였다. 그들은 내 발걸음에 맞추어 걷고 있었다.

한참 걷다가 낡은 벤치가 있던 언덕 모퉁이가 눈앞에 나타나 거기로 갔다. 오늘은 새롭게 칠해져 멋지게 변해 있었다. 너무 반가워 재빨리 의자에 그대로 털썩 앉았다. 모두 덩달아 앉았다. 우리는 나날이 텅 비어 가는 듯한 허전한 마음을 채워 주고, 채워 받느라고 끝없이 이야기를 풀어놓았다. 허전한 마음에 우리는 늙어 가는 것이 아니라 익어 가고 있다고 억지를 부리며 떠들어 댔다.

친구들은 고목에 핀 벚꽃을 보러 갔고 나는 홀로 벤치에 남았다. 그곳은 나의 옛 그림자가 깃들어 있는 곳이기에 곧 떠날 수가 없었다. 빈 옆자리에 마음속 깊이 간직해 두었던 그리운 사람을 앉히고, 옛일을 회상하고 싶어서 그대로 앉아 있었다. 비록 벤치 색은 바뀌었지만, 나의 그리운 사람과 앉았던 자리였기에 홀로 앉아 생각에 잠겼다. 한참을, 그를 만나 옛날로 돌아갔다. 어렴풋이 옛일이 떠올라 빙그레 웃었다. 옛일에 파묻혀 있는데 짹짹대는 참새 소리가 옛 꿈속에 잠겨 있는 나를 깨웠다.

정신이 번쩍 들면서 그동안 고민해 왔던 나의 거취 문제를 곰곰이 생각했다. 퇴임 후 서울중앙법원에서 조정위원이란 직책으로 일을 해 왔다. 공정한 판결을 위해 사건 내용을 정확히 파악해 판사에게 전하려고 최선을 다했다. 일이 원만하게 처리되어 보람을 느꼈다. 이렇게 6년간 봉사했다. 그런데 세월이 가면서 옳고 그름만을 판단하는 작업에 멀미가 났다. 게다가 내가 살아가는 삶도 힘들고 벅찬데 원고 피고의 삶은 상상 외로 힘들고 복잡했다. 오랫동안 그네들의 힘든 인생을 만나다 보니 삶이 즐겁지 않고 슬퍼지곤 했다. 돕고 봉사하는 일은 좋지만, 어쩐 일인지 때때로 마음이 우울해져 내 적성에 맞지 않는 일이라 여겨져 그만두기로 했다.

그동안 해 오던 이 일을 떠나면 무엇을 할까 하는 상념으로 늘 고민해 왔지만, 결정을 내리지 못하고 어찌해야 할지 몰라 곰곰이 생각만 해 왔다. 마음의 갈피를 잡지 못해 갈팡질팡하면서 남들이 하는 대로 이 일 저 일 다 하며 지냈다. 그래도 허전하고 답답해 안정을 찾지 못하니 안타까울 뿐이었다. 세월이 많이 지났어도 나만의 꿈을 이루고 싶어 늘 고민에 빠져 지내던 나는 마침내 굳게 마음먹었다.

답답한 굴레에서 벗어나 자연 속에 푹 파묻히다 보니 그간 받아 왔던 온갖 스트레스가 사라지는 듯했다. 싸늘하고 신선한 공기를 듬뿍 마시니 그간 지쳐서 허물어졌던 내 영혼이 깨어나 몸과 마음이 한결 가벼워졌다. 불현듯, 앞으로 무엇을 해야 할지 결심이 굳어졌다. 나는 내 꿈을 알리려는 듯 앉았던 의자에서 벌떡 일어나 친구 곁으로 서둘러 갔다.

생각에 골몰하느라 잠시 잊고 있던 고목이 된 아름드리 벚나무가 눈에 들어왔다. 고목은 나무 밑동에서 꽃을 피워 올리느라 애쓰고 있었다. 사람들은 옹기종기 모여 이 신비한 광경에 듬뿍 빠져 있었다. 막 피어나 보석처럼 아롱져 빛나는 그들 모습에 취해, 친구들은 나의 존재는 까맣게 잊어버리고 아름다운 모습을 사진에 담느라 여념이 없었다. 고목에서 꽃이 피어나는 모습을 보면서 나도 글이란 옷을 입고 새롭게 피어나 새사람으로 태어나고 싶었다.

고목은 나뭇가지에 꽃을 피우려고 무진 애를 쓰고 있었다. 그러다 급한 마음에 나무 밑동에, 줄기에, 툭툭 꽃망울을 터트렸다. 고목 나무줄기와 밑동에서 꽃이 피는 것을 본 적은 없었다. 처음으로 본 광경이라 신기하기도 했다.

고목은 나에게 용기를 주었다. 아무리 세월이 흘러가도 아름다운 꽃을 피울 수 있다는 사실을 보여 주며 내 꿈을 북돋아 주었다. 나도 작가가 될 수 있다는 암시를 주는 듯했다. 나는 고목에 핀 꽃망

울처럼 피고 싶었다. 좀 무디고 서툴지만, 내가 좋아하는 일을 찾았으니 해내리라 다짐했다. 길을 내려오다 힐끗 돌아다보니 언제나 나를 기다리는 듯이 의자가 텅 빈 채로 나를 바라보았다.

5
끝없는 보수

감나무

노란색 대봉감이 주렁주렁 달린 감나무를 보니 뿌듯했다. 감나무는 스스로 만들어 낸 작품을 자랑이라도 하듯 노란색이 반짝반짝 빛났다. 아직 다 익지도 않았는데 새들이 이리저리 날면서 감을 건드려 본다. 아직 단내가 나지 않는지 그들은 모두 사라져 버렸다. 얼마 있으면, 감을 딴 후에 몇 개 남겨 줄 터이니, 그때 다시 오라고 새들을 보며 혼잣말로 중얼거렸다.

신도시로 개발되기 전에 우리 동네는 온통 감나무밭이었다. 집마다 감나무가 지천이었다. 전부터 있던 감나무가 탐스러워 집 지을 때 그대로 키웠으니 나와 함께 지낸 지도 20여 년이 넘었다. 이 나무는 기특하게도 해마다 먹음직한 대봉감을 100개 넘게 선물해 주니 고마웠다.

매해 늦가을이 되면 감 따기는 우리 집 연중행사였다. 감이 완전히 익지 않고 딱딱할 때 감을 따야 했다. 감을 따려면 준비물도 많다. 우선 칼, 가위, 집게, 장갑 등도 준비하고, 무엇보다 튼튼한 사다리를 준비하는 것이 필수였다. 우리 집 사다리는 작고 약해서 앞집에서 큰 사다리를 빌려 왔다. 감 따기는 어려웠다. 나무에 올라가야 하니 여자들은 할 수가 없다. 다행히 앞집 아저씨가 언제나 감 따기를 도와줘 아무 걱정 없이 수확했다. 감 따기가 시작되면 길 가던 사람들이 모여들어 구경했다. 작업이 끝날 때까지 지켜보는 사람은 어김없이 감이 달린 나뭇가지를 얻고 싶어 했다. 몇 가지를 선물로 주었다. 감을 집으로 옮긴 후 깔끔하게 씻어 준비해 놓은 큰 항아리에 짚을 깐 다음, 깨끗이 씻은 감을 조금씩 간격을 두며 가지런히 놓는다. 그 위에 짚을 깔고 다시 감을 놓았다. 이렇게 칸칸이 감을 올려놓고 한 달쯤 지난 후 짚을 들쳐 보면 잘 익은 것이 손에 잡혀 꺼내 먹기 시작했다. 부드럽고 달콤한 맛은 먹고 또 먹어도 싫증이 나지 않았다. 때론 감 맛에 빠져, 집에 들어서자마자 감항아리로 달려가 꺼내 먹기도 했다.

오랜만에 외국에서 돌아온 아들이 감나무가 있는 집에서 살기로 되어 있었다. 싱싱한 감만을 골라 쟁반에 가지런히 가득 담아 남겨 두고 나머지는 내 아파트로 가져왔다. 얼마 지났는데, 아들이 오더니 무슨 그런 이상한 감을 두고 갔느냐며 모두 버렸다고 했다. 너무 어처구니없어 할 말을 잃고 설명도 하지 않았다. 아들도 며느리도 계속 외국에 살다 보니 감나무의 추억도 없고, 감을 익혀서 차례대로 먹는다는 사실도 몰랐나 보다. 어리석게도 나는 지금도 아들이

버린 그 감이 아깝다.

그런데 나와 인연이 깊고 소중한 감나무에 변고가 생겼다. 어찌 된 일인지, 감나무 잎이 누렇게 시들고 잎사귀가 모두 바스러지기 시작했다. 너무 놀랐다. 예전에는 이런 일이 없었는데 왜 이런 변고가 생겼을까. 여기저기 수소문해 약 처방도 해 보았고 물을 아침저녁으로 주기도 했지만, 아무 소용이 없었다.

나무가 앓기 시작하자 나도 덩달아 가슴앓이하며 아침저녁으로 들락날락하면서 물을 주며 보살폈다. 수십 년 동안 물 한번 주지 않고 아무 탈 없이 잘 지내 왔던 나무가 어째서 이토록 애간장을 녹이는지 알 수 없었다. 전문가를 불러 상담했으나 모두 모르겠다는 답뿐이다. 어떤 이는 누가 독극물을 부었을지도 모른다고도 했다. 무슨 이유로 그 못된 짓을 했단 말인가. 참으로 이해할 수 없었다,

나무가 크다 보니 잎이 우거져 늦가을이 되면 동네 길바닥에 온통 낙엽이 나뒹굴어 그것을 쓸어 내는 일은 쉽지는 않았다. 부지런히 쓸어 주변을 깨끗하게 청소해서 동네 사람들에게 불편을 주지 않으려고 애써 왔다. 자기네 나무가 아니라고 쓸지도 않으면서 귀찮다고 독극물을 뿌렸다면 정말로 용서할 수 없는 일이다. 낙엽이 흐트러져 있어 마음이 불편해 그런 행동을 했단 말인가. 아무리 이해하려 해도 도저히 이해할 수 없었다. 약을 뿌리는 현장을 보지 않았으니 무작정 남을 의심할 수만은 없었다. 마음이 갈피를 잡지 못

해 불안한 나날을 보냈다.

바삐 지내다 보니 감나무에 크게 관심을 보이지는 않았다. 집에 드나들 때 가끔 마주쳤고, 떨어뜨린 잎을 쓸어줄 때 만났고 감 따는 날에는 오래 함께 있었다. 그래도 서운해하지 않고 듬직하게 굳건히 우리 집을 지켜 주었던 나무에게 누가 무슨 짓을 했길래 병이 그리 깊어졌단 말인가. 살리려고 애를 썼지만 애석하게도 열매를 맺지 못하고 생명을 다하더니 고목으로 변했다. 언제나 제 자리에서 묵묵히 믿음직스럽게 집을 지켜 주던 나무가 고목으로 변해 가는 모습을 보자니 가슴이 쓰렸다.

어쩔 수 없이, 봄이 되어 꽁꽁 언 땅이 녹자 나무를 보내려고 일꾼을 불렀다. 그것을 옮기려고 땅을 파던 기사는 왜 화단이 이리 깊으냐고 했다. 비가 와도 이 속까지 빗물이 들어갈 수 없으니 나무가 수분을 섭취하지 못했다는 것이다. 아아, 나는 그때야 나무의 아픔을 알게 되었다. 화단이 길가에 있어 동네 집마다 화분과 흙을 이곳에 버려 왔다. 싫어서 금지하고 싶었지만, 누구 짓인지 몰라 말 못 하고 20년을 지냈으니 해마다 흙이 가득 쌓이게 되었다. 매번 화분을 버렸지만, 흙이 독이 되겠는가 싶어 그냥 두었다. 그것이 이 큰 재앙을 불러오게 된 것이다. 나뭇잎이 조금씩 시들시들 아파갈 때 땅을 파 보았다면 원인을 알 수 있었을까. 뒤늦은 후회가 무슨 소용이 있겠는가. 시간은 이미 지나갔다. 집 식구가 아팠다면 그렇게 소홀히 지냈겠는가 생각하니 미안해 가슴이 아팠다. 주인의 무지로 우리 집 지킴이의 생명을 앗아가게 했구나. 물이 없어 힘들었는데도 매해 잊지 않고 탐스러운 감을 선사해 주어 고마웠는데 그에게 무심하게 지냈다니 미안했다. 뒤늦게 이 무식한 주인을 탓한들 무슨 소용이 있겠나. 아쉬움으로 망연히 하늘만을 바라보며 아픈 가슴을 쓸어내렸다.

끝없는 보수

몸이 아파 누워 있는데 하늘에서는 요란스럽게 천둥, 번개가 치고 있었다. 비가 요란스럽게 내려치니 불현듯 몇 해 전 폭우가 무서워 덜덜 떨었던 그날 밤이 떠올랐다.

수십 년 전에 구매한 낡은 집을 재건축해야 했다. 남편은 말렸고, 집이 비어 있어 불량배가 소란 피운다고 통장은 닦달해 왔다. 재건축이 좋다지만 자금 문제로 고민했다. 통장은 건축업자만 잘 만나면 쉽게 해결된다 했다. 두려웠으면서도, 집을 지으면 해결된다는 말에 솔깃해 홀딱 넘어가고 말았다. 마침내 새집에 대한 기대로 낡은 집을 헐고 땅에 쇠기둥을 때려 박았다.

집 헐기, 땅 파기, 쇠기둥 박기, 시멘트 붓기로 집짓기가 순식간에 시작됐다. 가을쯤 되니 집 구조골격이 완성되고, 춥다고 느낄 즈음에 실내 세부 작업을 하더니, 봄이 올 무렵 집은 거의 완성되었다.

일에 쫓겨 현장을 자주 가 보지 못했다. 소박하지만 소중했던 내 삶의 결과물에 온 힘을 다했다. 일 년쯤 지나니 낡고 초라했던 집이 사라지고 어엿한 양옥집이 바로 눈앞에 우뚝 섰다. 집으로 올라가는 길에는 감나무, 라일락도 있었다. 집 안에 들어가려니 두려움과 기대로 가슴이 콩닥콩닥 뛰었다. 크고 확 트인 거실 창문이 나를 반겼다. 방마다 살피니 여기저기 문제점이 나타나, 살아가면서 보수해야겠다고 생각했다. 그날 밤 온 가족은 흥분한 탓인지 설레어 새벽까지 잠을 설치며 새집에 꿈을 실었다.

한 달쯤 지났을까, 어느 날 밤 억수로 비가 내렸다. 번개가 번쩍, 천둥소리가 쾅쾅 울렸다. 놀라서 벌떡 일어났다. 궁금해서 마루로 나갔다. 아무 일도 없는 듯했다. 안도의 숨을 쉬고 창 쪽 벽을 보았다. 세상에 맙소사, 벽에서는 빗물이 주룩주룩 흘러내리고 있었다. 조심스레 벽으로 가 살살 더듬어봤다. 손바닥이 촉촉해지더니 팔뚝으로 물이 흘렀다. 가슴이 철렁 내려앉았다. 어찌 이런 일이. 맥이 빠져 벽에 기댔더니 등에도 물이 스며들었다. 옷이 젖어감에 따라 공포가 엄습해 왔다. 무서움에 질려 가슴도, 몸도 부들부들 떨려 왔다. 여기저기 살피려고 발을 옮겼다. 물로 질척질척한 곳에 이르러 발이 젖자 맥이 빠져 얼어붙은 듯 더 이상 움직일 수 없었다.

새집에서 비가 줄줄 샌다는 말은 들어 본 적이 없었다. 마른하늘에서 날벼락이 떨어진다는 것이 이런 경우인가. 이 비참한 상황을 바라보고 있자니 머리가 텅 비어 백지처럼 하얗게 되었다. 아무 생각 없이 멍하니 앉아 있다가 간신히 정신을 가다듬고 잠자는 식구들을 모두 다 두들겨 깨웠다. 이 엄청난 참상을 보고서 그들은 질려서 눈을 휘둥그레 뜨고 서로 얼굴만 멍하니 쳐다보더니, 여기저기서 "어떻게, 어떻게"라고 외쳤다. 안타까운 외침만이 공허한 거실로 가냘프게 번져 갔다.

건축에 무지한 내가 달려든 것이 잘못이었다. 건축업자가 모든 것을 처리한다는 통장 말에 희망을 걸었으니 어처구니없었다. 건축은 내가 해 왔던 행정 업무보다 더 세밀한 검증과 확인이 필요했다. 그런데 나는 첫 발걸음부터 잘못 내디뎠다. 무엇보다도 작업 시행과 확인에 유능한 건축업자가 필요했다. 건축을 모르면서 겁도 없이 친한 분이 추천한 사람을 그대로 믿고 선택했다. 아무것도 모르면서 무엇에 홀린 듯 무작정 달려들었다. 단지, 좋은 집을 갖고 싶다는 욕망에서 시작한 일이었다. 상황 판단과 일 처리에 무능한 나에게 화가 났지만 엎질러진 물을 담을 수는 없었다.

새집에 처음 들어갔을 때 모든 행복은 나만의 것인 듯 기뻤다. 그런데 기쁨은 오래 지속되지 못했고 슬픔으로 바뀌었다. 이 집에 이사 와 얼마 되지 않았는데 기막힌 일이 벌어졌다. 어느 날 밤, 비가 억수로 퍼붓더니 평생 꿈꾸어 세워 놓은 내 집을 하룻밤 만에 엉망진창으로 만들어 버리고 말았다. 눈앞에 드러난 망가진 거실의 참상은 지옥이었다. 비싼 돈을 들여 도배한 벽지는 물을 먹어 흐느적거렸고, 마루에 펼쳐진 고급 양탄자는 흠뻑 젖었다. 애장품이 전시된 진열장 다리가 물에 잠겨 부러질 듯했다. 눈앞이 캄캄해졌다. 해결 방법이 보이지 않아 고심만 하다 기운을 차려 이곳저곳 수소문해 수리를 시작했다. 삶이 쉽지 않다는 진리를 알고 있으면서도, 중요한 일을 처리할 때마다 힘에 겹고 벅차 쓰러질 지경이니 신은 내 편이 아니라고 여겨졌다.

  수많은 세월이 지났어도 억수로 비가 쏟아지는 날이면, 그날의 트라우마로 소름 끼쳐 몸이 오싹해졌다. 세상 물정 모르면서, 치밀한 계획도 없이 남의 말만 믿고 무작정 뛰어들어 작업을 시작했다. 지나간 일이지만 그때 일을 생각하면 울화가 치밀어 올랐다.
  안타깝게도 엉망진창이 된 집을 복구하는 작업은 매해 그리고 지금까지도 계속 이어지고 있다. 아무리 고쳐도 보수는 끝이 없었다. 우선 비가 어디서 새는지 확인하는 것이 급선무다. 지붕을 이곳저곳 고쳐 보아도 누수가 매해 지속됐다. 올해는 지붕 걷어 내는 공사를 하기로 했다. 이번에는 좋은 업자를 만나 잘 고쳐 보고 싶다.

  세월에는 장사가 없는 듯싶다. 고쳐야 할 곳이 어찌 집뿐이겠는가. 세월이 가면서 어느샌가 나도 늙어 가고 있다. 내 몸도 고쳐야 할 곳이 많다. 앞으로는 집도 내 몸도 끝없이 고치며 살아야 하리라. 남은 생명을 다할 때까지 최선을 다해 보고자 한다.

 ## 내 기둥

남편은 좋아하던 술을 끊고 즐기던 테니스를 멈췄다. 어쩐 일이지. 불안과 두려움이 몰려왔다. X-ray, CT, MRI가 난리를 떨더니 암에 걸렸단다. 그런 일이 그에게 있을 수 없다고 되뇌어 봤지만 엄청난 양의 항암 주사가 내 기둥의 핏줄을 타고 들어갔다.

지친 그를 아기처럼 보듬어 보살펴도 주사가 활성화되면 구토의 광란이 계속됐다. 도저히 헤어날 방법이 없었다. 약 기운이 사라질 때까지 두 손 마주 잡고 기도했다.

약 기운이 가라앉아 음식으로 기운을 차리면, 우리는 두 손을 움켜잡은 채 펑펑 눈물을 쏟으며 하느님과의 기도 속에서만이 마음의 평안을 찾았다.

약 기운이 사라져 편안해지면 치료라는 핑계로 광란의 주사 투

입이 끊임없이 계속됐다. 애석하게도 주사는 효과가 없었나 보다. 남편은 회복 기미를 보이지 않았다. 그의 눈은 초점이 흐려졌고 말은 방향을 잃었다. 나를 대신해 언제나 힘이 되어 주고, 내 얼굴만 봐도 내 마음을 알아주던 사람이 힘을 잃어 가고 있다. 그러더니 나의 소망과 기대를 저버리고 내 곁을 떠나 버렸다. 하늘이 무너졌다.

 앞으로는 혼자 지내야 한다는 두려움으로 온몸이 떨렸다. 몸을 제대로 가눌 수 없었다. 가슴이 철렁 내려앉고 눈앞이 보이지 않아 그만 땅바닥에 주저앉아 눈물만 쏟았다. 생기 없는 숨을 쉬었다. 살아 있는 것이 겁나고 무서웠다.
 일할 때도, 친구들 수다 속에서도, 가족과 담소할 때도 표현할 수는 없으나 속으로는 늘 흐느끼고 있었다. 그런데 흔히 세월이 약이라 했다. 그런가 보다. 혼돈의 세월이 한참 지나니 맥없이 흐르던 눈물도 멈췄다.

 불시에 몰아닥친 아픔과 슬픔을 제정신으로는 견뎌 낼 수는 없었다. 혼이 다 빠져나가 상황을 가늠할 수 없었으니 견뎌 냈으리라. 과거의 기억도 오늘의 현실도 몽롱한 채 내일을 맞이해야 했다. 그것은 살아 있는 자의 몫이라 여기며 지내 왔다.

 슬픔, 두려움, 혼돈의 끝자락에는 외로움이 물밀듯 밀려왔다. 이를 참아 내서 닥쳐오는 삶에 어긋나지 않으려고 안간힘을 다했다.

이제는 혼자다. 기대고 힘써 줄 사람이 없으니 홀로 견뎌 내야 했다. 망망대해에 홀로 남겨졌으니 어떻게라도 버텨 내야 했다. 남은 가족을 위해 희망의 끈을 놓지 않으리라. 이 시련은 굳건히 살라는 신의 뜻으로 여기며 살 것이다. 그도 그것을 바라리라.

그래도 그때가 좋았다

산아래 언덕 위에 있던 우리 집. 아무 탈도 없이 잘 오르내리던 그 집에 불현듯 병마가 찾아와 나를 묶어 놓았다. 집안일도 아이들도 돌볼 수 없고 내 몸을 가눌 수도 없다. 혼자서는 아무것도 할 수 없다는 불안감에 울컥하여 울음이 자주 터졌다.

수십 년 전, 산언덕 집에서 평지로 걸어 내려와야 차를 타던 옛 시절. 병원에 갈 때는 내 몸은 남편 어깨에 매달려 언덕길을 내려왔다. 아파서 눈물을 쏟는 내 꼴이 부끄럽고 미안해 아이러니하게도 히죽히죽 웃으면 남편은 안타까운 눈빛으로 나를 감싸안았. 돌아오는 길에, 지쳐 기운이 빠진 남편에게 "미안해."라고 하면, 그는 넓은 품 안에 나를 끌어들였다. 그의 따뜻한 손길에 울컥 설움이 밀려왔다.

몹시도 괴롭히며 수많은 날을 나를 묶어 두었던 그 고약한 병은 셀 수 없는 상처를 남기고 어느 날 홀연히 사라졌다. 오랫동안 밉상을 떨더니 가 버리니 속이 후련했다.

몸은 다소 성치 않아도 움직이며 살 수 있다는 희망으로 부풀어 용기가 솟았다. 아프지 않고 하루만이라도 걸을 수 있기를 빌었던 내가 회복되어 활동할 수 있으니 기쁨이 넘쳤다. 인간에게는 어려움은 필수품인가 보다. 그것과 더불어 사는 것이 삶인가 보다. 그래서 고난 중에 조금만이라도 희망이 보이면 그 자체가 행복이었다.

돌아보니 인생길은 가파른 고개를 넘고 넘어야 하는 여정이었다. 언덕을 허덕이며 오를 땐 넓은 평지가 있으리라 믿었지만, 삶은 그렇지 않았다. 꿈을 이루려고 허덕이는 사이에 젊음은 어느덧 사라지고, 세월과 함께 온몸은 상처의 흔적만이 남았다.

내가 병마로 절망의 나락에 빠져 헤매고 있을 때, 나를 일으켜 다시 숨 쉬며 용기 있게 살도록 해 주었던 내 남편. 그는 언제나 옆에서 나를 보호해 주리라 믿었다. 야속하게도 내 기둥은 내 곁을 떠나 다시 볼 수 없다. 어둡고 컴컴한 지하에 갇혀 있는 듯 나는 공포에 질려 덜덜 떨었다. 나의 하늘이 무너져 혼자 산다는 건 무서웠다. 어떤 일이 닥칠지 몰라 무작정 참으면서 지냈다. 삶은 만만치 않아 고난의 파도를 넘기기는 어려웠다. 이제 늙어 관절염으로 몸을 가눌 수 없게 되어 불편한 몸을 지팡이에 의지할 땐, "걱정하지 마.

내가 있잖아."라며 손 잡아 줄 남편이 그리워졌다.

 그리움이 겹겹이 쌓이면서 언제부턴가 숨어 있던 외로움도 덮쳤다. 삶의 쳇바퀴 그늘에 가려져 있던 외로움이 밀려왔다. 가슴 속에 쌓여 있던 눈물이 주르륵 흘러내렸다.
 세월이 흘러간 이쯤에는 버텨 낼 수 있으리라 여겼는데 그렇지 않았다. 누군가 건강한 사람은 외로움 속에서도 잘 견뎌 낼 수 있다 했다. 어찌 그런 쓸데없는 말을 했을까. 비록 걷지 못해도 잡아 주는 손이 있었던 그때가 좋았다.

6
위로의 노래

위로의 노래

어느 날 TV를 켜니 다소 늙수그레하게 변했어도 여전히 활기차 보이는 N 가수가 테스형을 노래하고 있었다. "아! 테스형 세상이 왜 이래, 왜 이렇게 힘들어, 아! 테스형 소크라테스형, 세월은 또 왜 저래. 먼저 가본 저세상은 어떤지요."라는 노래가 들려왔다. 제목이 특이하고 궁금해서 빠져들었다. 시원한 음성으로 세상을 풍자한 노래는 내 마음을 흔들어 놓았다.

이 가수는 내가 젊었을 때는 관심을 끌지 못했다. 고교 때는 한국가요를 배웠고, 서양 클래식 음악을 생활화하라고 교육 받아 왔다. 그리고 젊었을 때는 이종환의 '한밤의 음악 편지, 별이 빛나는 밤에'를 심취하며 팝 장르 음악에 깊이 빠져 있었다. 실제로 트로트를 들을 기회가 없었다. 그런데 테스형을 듣다 보니 늙수그레하게 나이가 들어가는 가수의 모습, 그의 노래와 창법은 듣는 이의 가슴을 요동치게 했다. 젊었을 때와는 달리 노래는 더욱 원숙해졌고, 멋진 노신사의 모습을 갖춘 가수는 혼탁해진 세상에 큰 파문을 일으켰다. 무엇보다 중요한 것은 그의 노래는 가슴 속에 깊이 잠들어있던 나의 트로트 감성을 깨워 주었다. 예전과 달리 트로트에 관심이 생겨 가수를 따라 자주 노래를 흥얼거리곤 했다.

이처럼 내가 트로트에 관심을 보이기 시작할 때, 마침 TV조선에서 경연대회를 통해 많은 젊은 가수들을 발굴하는 페스티벌이 벌어졌다. 가무를 즐기는 한국인의 특성에 딱 맞아 호응도가 높았을 뿐만 아니라, 코로나로 어려운 시기에 우리의 마음을 위로해 주니 고마웠다.

신인들이 발굴되어 출연하면서 온 국민은 트로트의 열정과 가수를 향한 사랑으로 온 나라가 들썩였다. 자기 애인이나 남편보다 L 가수가 더 좋다고 노골적으로 말할 정도다. 나에게도 큰 변화가 나타났다. 놀랍게도 트로트를 좋아하게 된 나는 방송이 시작되면 만사 제쳐 놓고 노래에 심취해 밤 12시 넘도록 잠자리에 들지 않고 TV에 매달려 있기도 했다. 자면서도 노래 분위기에 취해 꿈속에서 헤맸다. 이처럼 자연스럽게 나는 트로트에 푹 빠져 방송 시간을 기다렸고, 좋아하는 가수가 생겼고, 그들의 노래에 넋을 놓아 버렸다.

L이 노래한 보랏빛 엽서와 어느 60대 노부부의 이야기, 어린 신

동이 부른 보릿고개는 나를 뒤흔들어 놓았다. 그래서 듣고 또 들었다. 노래 가사 속에는 내가 살아가면서 가슴속 깊이 느껴왔던 애달픈 사연이 고스란히 담겨 있음을 새삼 깊이 깨달았다. 조금 더 일찍 트로트에 관심을 가졌다면 인간사가 담긴 노래에 위로받으며 벗 삼아 살아왔으리라는 아쉬움이 남았다.

코로나19로 온 국민이 힘들 때, 그들의 노래는 나와 온 국민의 마음을 감싸 주었다. 고맙게도, 그들 노래가 마음속 깊이 파고들어 상처받은 몸과 마음을 쓰다듬어 주었다. 그러더니 그들은 우리 삶의 일부가 되었다. 놀라운 것은, 사업 실패로 아파하는 사람들, 병마에 시달리는 환자들, 가까운 가족이 세상 떠나 애끓는 사람들에게 그들 노래는 따뜻한 위안의 말이며, 상처를 아물게 하는 치료제였다. 아픔을 쓰다듬어 주는 그들이 너무나 대견스럽고 자랑스러웠다.

그런데, 우리를 위로하던 그들은 놀랍게도 우리가 위로하고 감싸 주어야 할 어려운 삶을 살아왔다. 홀어머니 밑에서 고학하며 살아왔거나, 불량, 불우청소년이 할머니와 은사의 가르침으로 거듭나 새로운 삶을 살게 되어 노래를 시작하기도 했다. 또 어린 소년은 할아버지 사랑의 힘으로 가수의 길을 가기도 했다. 다행스럽게도 50세가 될 때까지 거리의 무명 가수로 지내다 어느 날 가수가 된 이도 있었다.

그들 모두 우리가 살아오면서 겪었던 고통에 못지않은 어려운 고초를 겪으며 살아왔다. 각자에게 닥쳤던 힘든 시기를 이를 악물고 참아 내 굳세게 일어났다. 그들 삶의 벗인 노래는 어려움을 헤쳐 나갈 수 있도록 지탱해 주었던 버팀목이 되었다. 죽을 듯이 힘든 삶을 살아왔지만, 노래가 너무 좋아 그 속에서 파묻혀 살아왔단다.

다행히 그들은 끼와 재능을 뽐낼 기회가 있어 희망이 솟아났다. 성공까지는 수없는 가시밭길을 거쳐야 했지만, 이 모두를 이겨 내고 그들은 영웅으로 우뚝 섰다. 온갖 인고의 결과로 이루어 낸 그들의 노래는 더욱 빛나 우리의 심금을 울렸다.

그들이 부르는 노래는 단지 목소리를 통해 흘러나온 노래가 아니며, 심장에서 우러나오는 애절한 외침임을 알게 되었다. 그네들은 어떤 어려움을 당할지라도, 미칠 듯이 노래가 좋아 기쁨에 파묻혀 노래해 왔단다. 어느 사이에 나도 덩달아 그들이 뿜어 내는 감성에 듬뿍 빠져 함께 흥얼흥얼 노래하며 더할 나위 없이 행복해했다. 마침내 그들은 우리에게 기쁨을 전달하는 행복 전도사가 되어 우리의 삶을 행복하고 즐겁게 해 주었다. 앞으로도 그들의 노래가 많은 사람에게 용기를 불어넣어 삶을 풍요롭게 해 주기를 바랄 뿐이다.

어찌 이런 좋은 일이

단돈 천삼백 원 차비가 없어 친구를 만나러 갈 수 없게 되니 당황했다. 고민에 빠져 낙담하고 있는데 구세주가 나타났다. 생판 모르는 사람이 생각지도 않은 호의를 베풀어 친구를 만날 수 있게 되니 고마워 흥분되어 마음이 들떴다.

사실은, 동네 미용사가 미장원을 새로 차려, 바람이 불고 추웠지만 파마하러 갔다. 부자 되라고 휴지를 샀다. 휴지가 짐이 돼서 단지 카드 2개와 핸드폰만 넣은 작은 가방을 메고 집을 나섰다. 버스 타면서 카드를 꺼내 찍으니 남은 돈이 사백 원으로 확인돼 놀랐다. 지갑에는 오백 원짜리 동전 한 개가 있을 뿐이었다. 다른 카드는 교통 카드용이 아니어서 사용할 수 없었다. 천 원만 더 있으면 집으로 돌아갈 수 있겠다고 생각했다. 급히 나오느라 차분히 챙기지 못해 많이 후회했다.

멀리서 추운 날씨에 찾아가니 원장은 나를 껴안으며 반겼다. 멋지게 현대식으로 꾸민 미용실은 분위기가 고급스럽고 편안했다. 드디어 파마가 끝났다. 젊고 예쁘게 변신시켜 주어 고맙다고 인사한 후, 집에 갈 차비가 없는 이유를 설명하고 폐를 끼치지 않으려 차비만 받았다. 돌아갈 소중한 차비가 준비되어 안심하고 집으로 가는 버스를 탔다. 10분 정도 지났는데 핸드폰이 울렸다. 친구가 어린이대공원 뒷문 앞 평양만두 집에서 만나자고 했다

그런데 나는 당황했다. 많은 돈을 빌리면 몇 달 후에나 갚게 되니 미안해 집으로 갈 버스비만 빌려 친구에게 갈 차비가 없었다. 그때는 폰으로 돈을 송금하지 않을 때라 돈을 빌려도 곧 갚을 수가 없는 실정이었다. 집에 가지 않고 만날 방법을 친구와 의논했지만 신통한 방법이 없어 포기하고 전화를 끊었다.

그때 뒤에서 누가 내 등을 건드렸다. 돌아보니 뒷좌석에 있는 한 중년 부인이 "차비 때문에 걱정하시는군요. 저에게는 오만 원과 이천 원이 있어요. 만 원은 없어요."라면서 이천 원을 내미는 것이다. 어머니 같은 분이 곤란해하셔서 도와드리고 싶었어요. 당황했지만 반가웠다. 얼떨결에 그녀가 내민 돈을 받고는 고맙다고 감사의 인사만을 거듭했다. 오히려 그녀는 단돈 2천 원만 드리는 것이 미안하다며 밝게 미소 지었다. 그녀의 겸손하고 따뜻한 마음이 고마워 가슴이 훈훈해졌다. 곤란하게도 뒷사람이 내 전화 내용을 모두 들을 정도로 말소리가 너무 컸나 싶어 부끄러웠다.

단돈 이천 원이 귀한 은혜의 돈으로 다가와 나도 모르게 들뜨기 시작했다. 고맙다고 최고의 인사말을 하고 싶었는데 생각나지 않아 망설이다가, 나도 본받아 좋은 일을 하겠다고 얼떨결에 말했다. 고마워서 무심결에 나온 말인데 계면쩍어 그분을 보며 웃었다. 전화번호라도 달라고 했더니 괜찮다고 했다. 이는 순식간에 일어난 일이었다. 같은 정류장에서 내린 우리는 작별 인사를 했고 그분은 급히 사라졌다. 서둘러 친구에게 돈을 구했다고 전하고, 그 소중한 돈으로 버스를 타고 친구에게 갔다.

흥분이 가라앉지 않아 여러 생각이 떠올랐다. 긴급하고 곤혹스러운 순간에 이런 고마운 일이 어찌 나에게 일어날 수 있었을까. 이런 고운 마음씨를 가진 사람이 있으니 세상은 아직도 따뜻하고 아름답다고 여겨졌다. 그분의 전화번호라도 안다면 감사 메시지라도 남길 수 있었을 텐데. 안돼, 모르는 사람에게 누가 전화번호를 줘. 이런저런 생각을 골똘히 하면서 약속 장소로 갔다. 친구는 여느 때와 달리 더 반갑게 나를 맞이했다. 전쟁터에서 돌아온 전우를 반기듯이. 식사하는 동안 내내 내가 겪은 해프닝으로 이야기꽃을 피웠다.

지금까지 어려운 처지에 있는 사람을 도와준 적이 얼마나 있었나 돌이켜 보았다. 형제를 돕거나, 가끔 기부금을 투척한 적은 있어도 특별한 덕행을 베푼 적이 없다고 여겨지니 아쉬웠다. 그래도 옛날에는 길거리에서 구걸하는 이를 만났을 때는, 얼마나 힘이 들면 거리로 나왔을까 여겨져 어김없이 도와주기도 했다.

　어느 날, 옛날 직장 친구가 찾아왔다. 반년간 자주 만나 여기저기 함께 다니면서 즐겁게 지냈다. 그런데 돌연히 그녀는 급한 일로 큰돈이 필요하다며 빌려 달라고 했다. 도와줄 여유가 없어 고민하다가 거절했다. 그날 이후 그녀는 연락을 딱 끊었다. 서운하기도 하고 가끔 궁금하기도 했다. 그렇게 큰돈을 요구해서 입장을 곤란케 했던 그녀가 원망스러웠다. 내가 할 수 있는 범위 내에서 요구했다면 도와주었다고 장담은 할 수 없지만, 도와주지 못한 것이 내내 마음에 걸렸다. 얼마나 어려운 상황이면 수십 년 만에 만난 나에게 그 힘든 말을 했을까. 그녀를 만나지 못해 가끔 그녀가 어떻게 사는지 궁금하고 걱정이 됐다.

　버스 요금은 작은 것이지만 도움을 받고 보니 고마웠다. 삶에서 베풂의 소중함을 새삼스럽게 느꼈다. 그런데 도움을 받을 때는 좋아하면서도, 도와주어야 할 때는 선뜻 나서지 못하는 이중적 마음이 부끄러웠다. 실제로 도와주며 산다는 것은, 말은 쉽지만 실천하기는 어렵다는 것도 마음 깊이 깨달았다. 머리로는 선행이 좋다는 것을 알면서도 실천할 때는 선뜻 나서지 못하는 것이 내 경우다. 매일 바삐 돌아가는 삶의 채 바퀴 속에서 마음의 여유를 갖고 남을 도우면 삶이 더욱 풍요롭게 되리라. 이 중요한 진실을 알면서도 제대로 실천하지 못하는 것이 현실이다. 불편한 마음을 피하고 싶어 TV에서 광고하는 불우이웃돕기를 하나 더 선택해 돕고자 한다. 오직 나만을 생각하는 인색한 마음을 조금이라도 해소해 보아야겠다.

 어쩌다 만난 사이

오늘도 걷기 친구를 만나러 서둘러 공원으로 갔다. 그런데 네 명 중 둘이 빠졌다. 한 친구는 몸이 아파서 열흘 넘게 나오지 않고 다른 친구는 바쁜 일이 생겨 불참했다. 욕쟁이 아줌마와 둘이 마주쳤는데 어쩐지 어색해 여기저기 두리번거렸다. 공원은 여느 날과 달리 스산하게 느껴졌다. 우리 두 사람은 눈인사만 나누고 아무 말도 없이 동그마니 섰다가 걷기 시작했다. 6개월간 거의 매일 만나 왔는데 이 어색함은 무엇이지. 어떤 말로도 표현하기가 어려웠다.

우리는 어쩌다 만난 사이다. 동창이나 친구도 아닌 건강기구 판매소에서 알게 된 동네 아줌마들이다. 친숙해지면서 건강을 챙기려고, 매일 한 시간씩 걷기로 했다. 만나면 반가워 환담하며 간식도 나누어 먹었다. 처음에는 세 명이 걷다가 한 달 후 한 명이 더 들어왔다. 나중에 온 그녀는 조금 별나게 굴었다. 그녀는 오자마자 큰 목소리로 막말하며 우리를 제압하려고 했다. 들어온 첫날부터 싸울 듯이 다가오니, 그녀의 불손하고 억압적인 분위기를 참을 수 없었다. 우리는 지지 않으려고 소리를 크게 지르며 맞짱 대꾸했다. 혈기가 펄펄했던 젊은 적에도 해 보지 않던 만용을 부렸다. 정말 그녀는 막말의 선수였다. 사물에조차도 욕지거리를 하며 푸념하곤 했다. 며칠 전 산 양파가 싹이 나고 지랄 발광하니 어쩔까. 이럴 정도로 입에서 막말이 줄줄 나와 우리는 어처구니없어 허탈해 웃곤 했다.

어느 날 동창인 두 사람이 말을 주고받더니 갑자기 말다툼으로 바뀌었다. 누가 무슨 말을 하는지 도저히 알아들을 수도 없이 악을 쓰며 소리쳤다. 시장 바닥도 아닌 공원에서 악을 쓰며 싸우는 광경은 상상할 수 없는 일이다. 대한민국 최고 대학을 나온 지성인다운 면은 일도 볼 수 없었다. 욕쟁이 아줌마와 같은 대학, 같은 과 동기 동창이 사소한 일로 언쟁이 붙었는데, 이번에는 욕쟁이가 욕을 온통 먹었단다. 분통이 터진 욕쟁이는 가슴을 치며 울분을 토했다. 욕쟁이는 분해서 열 번도 넘게 했던 말을 하고 또 했다. 내장을 다 드러내고 다투면서 서로 상처받아 아파하고 있었다. 가끔 진정시키려고 노력해 봤지만, 분위기는 순식간에 아수라장으로 변해 버렸다. 늙었는데도 싸움박질하냐는 구경꾼 말이 창피했지만 어쩔 수 없이 구경만 했다.

그들은 분해서 참을 수 없는 듯 각자가 하고 싶은 말만을 쏟아 냈다. 심한 상호독백 mutual monologue이 오갈 뿐이었다. 놀랍게도 거침없이 자기들 속내를 마냥 쏟아 내고 있었다. 인간에게 내재한 원초적인 면을 과감하게 드러내고 있었다. 악을 쓰며 싸우는 모습을 보면서 어디서 저런 기운이 나올까 궁금해지기도 했다. 각자가 평생 살아온 삶이 다른데 갑자기 만나 맞추려니 힘들었나 보다고 이해하려 해도 용납할 수가 없었다. 안타깝게도 자기와 다른 상대방을 절대로 받아들이지 않고 자기주장만 옳다고 우겨 대고 있었다. 나는 그들을 이해하려 했다. 때로는 그들은 떼쟁이 어린애처럼 반항하는 것 같기도 했다. 팔십이 아닌 여덟 살 아이로 되돌아가 철없는 아이가 된 듯 싸웠다. 동에서 뺨 맞고, 서에 가서 화풀이하듯이 무조건 떠들어 댔다.

시간이 지나자 감정을 억제하지 못한 것을 후회했지만 상처는 쉽게 치유되지 않고 어색한 분위기만 계속 감돌았다. 함께 걸으며 호흡해도 마음을 나누지 못하니 답답했다. 매일 만나도 서로 생각하는 방향이 다르고 만난 기간도 짧아 이해하기가 힘들었는지 만날 때마다 의견 대립으로 계속 말다툼이 일었다. 그런데 희한하게도 정해진 시간이 되면 어김없이 모두 모여들었다. 간혹 바빠서 참석하지 않으면 전화가 왔다. 싸우며 정든다는 말이 있지 않은가. 다투는 사이에 정이 싹텄는지 어쨌든 만나지 않으면 궁금해서 나타나곤 했다. 우리는 친구가 되려고 안간힘을 다했나 보다.

그런데 오늘처럼 아무도 없이 단둘이 마주치게 되니 어색했다. 잠시도 말을 멈추지 않던 욕쟁이 아줌마는 입을 다물고 조용히 옆에서 걷고 있었다. 그러더니 갑자기 동창회 모임에 갔던 이야기를 했다. 동창들은 왜 이렇게 시끄럽게 말이 많고 난리를 떠냐고 핀잔을 주었지만 계속 떠들었더니 속이 시원했단다. 드디어 그녀의 속마음을 드러냈다. 그런데 왜 요즘 우리와 만날 때는 소란을 떨지 않고 조용하냐고 물었더니 "당신이 신경 쓰이고 조심스러워 억지로 참아왔지."라고 털어놓았다. 미안했지만 속으로는 고분고분하고 조용해져 참으로 다행이라 여겼다.

이 모임은 다른 만남과는 달랐다. 서로 이해하고 받아들이는 것이 아니고 공격받으면 공격했고 싸우자면 싸웠다. 한두 번 말했다고 고칠 리도 없으니, 보도 듣지도 않은 것처럼 참아야 했다. 이것은 늙음의 특성인가 하는 생각도 들었다. 그래도 다행인 것은 티격태격하다가도 언제 그랬냐는 듯 웃을 줄 아는 여유는 있었다. 나이가 들다 보니, 모임도 자주 나가지 못해 말할 기회도 줄고, 자기 말을 들어줄 사람도 없어 답답했는가 보다고 이해해 주고 싶었다. 조용히 있다가도 답답함을 풀려고 끼어들면서 매사 트집 잡듯이 말거리를 삼으니 안쓰럽게 보였다.

어찌하랴. 이왕 만났으니 만날 수 있는 날까지 가 보려 한다. 서로가 이해할 수 있는 날이 올 때까지 걷고 걸으면서 가까운 이웃이 되려고 애써 볼 것이다.

# 나 결혼했어요

전화벨이 요란하게 울려 하던 일을 급히 멈추고 서둘러 달려가 전화를 받았다. 그녀의 이름이 나타나 너무 기뻤다. 그런데 딱 끊어지곤 응답하지 않았다. 궁금해서 다시 걸었다. 저 멀리서 '여보세요.'라는 말이 나지막하게 들려왔다. 우선 내가 누구인지를 밝혔다. 그랬더니 그녀는 누군지 모른다며 황당한 답을 했다. 흥분해서 기분이 나빠졌다.

도대체 왜 나를 모른다고 할까. 이상한 생각이 들어 우리가 그동안 했던 일을 줄줄이 말했다. 우리는 몇 년간 매일 저녁 산책을 함께 했고, 구름이 잔뜩 낀 날에는 낮에도 한강 변을 걸으며 시원한 바람을 가슴속까지 마셨다고 했다. 그랬더니 그녀의 목소리가 작고 어설프게 '아, 그랬군요.'라고 답했다. 그녀의 기억이 되살아나도록 그녀의 가정 이야기도 했다. 다이어트 중인 딸, 병원에 입원했던 사위 안부도 물었다. 마지막으로 지금도 딸네 집에 함께 사느냐고 물었더니, 한참 만에야 작은 목소리로 "나 결혼했어요. 결혼식은 하지 않고요."라는 두 말에 나는 깜짝 놀랐다.

조용한 듯하지만 대담한 그녀는 취미로 대학 때 승마를 할 정도로 과감한 면도 있었다. 함께 쇼핑할 때는 걸리적거리는 흥정도 없이 쉽게 결정을 내려 물건을 사는 모습은 부럽기까지 했다. 그녀의 활달함에 끌려 친구가 됐다. 나로서는 상상 못 했던 일들을 해 오며 살아온 그녀에게 놀라기도 했지만, 또한 그 마력에 끌려 걷기 친구가 되었다. 내가 꿈꾸지 못한 일을 그녀에게서 들으니 실제로 해 본 것 이상으로 더 신기하고 재밌었다. 나이가 비슷하고, 다른 인생 경험 속에 살아온 탓에 서로 끌려 매일 저녁 식사 후 동네 산책 길목을 따라 걸으며 온갖 수다를 떨었다.

그녀는 우리 집 앞에 3층 건물을 짓고 이사 왔다. 그녀의 전공, 건축학을 기초로 멋진 집을 지었다. 흔히 볼 수 없는 이색적이고 환상적인 집을 짓고는 재미있게 살았다. 그런데 10년 전쯤 그녀의 남편이 세상을 떠났다. 한참 동안 방황하더니 교회에 나가면서 그런대로 진정되는 듯했다. 집 밖 화단에 장미를 심어 5월이면 장미꽃이 만발하여 온 동네를 밝게 했다. 그때가 되면 우리는 계단에 앉아 이야기꽃을 피웠다. 여름에는 담장 벽에 능소화가 만개해 동네 사람들과 행인들이 감탄해 발길을 멈추어 감상하고 지나가곤 했다. 동네에서 그녀의 정원 관리 솜씨는 훌륭하다고 소문이 났다.

그러던 그녀가 어쩐 일로 돌연 결혼하게 되었을까. 무슨 일이 있었길래 급한 결정을 내렸단 말인가. 어느 정도 진정되는 듯 보였는데 외로움을 견디지 못해 괴로워했으리라는 것을 생각하니 짠했다. 집에서 살림만 하는 주부가 온종일 세상 떠난 남편만을 생각했나 보다. 이웃에 살 때는 온갖 이야기를 나누며 어려움과 외로움을 다소 풀었는데, 멀리 이사 간 후로는 대화의 공백이 길어져 마음을 깊이 헤아릴 수가 없었다.

우리는 동창도, 친구도 아닌 단지 앞집 아줌마일 뿐이지만 그래도 십여 년을 마음을 나눈 사이라 문득문득 생각나곤 했다. 그녀가 이사하고 두 번 정도 만났다. 멀리 떨어져 있고, 뜸하게 만나다 보니 서로 관심도 적어진 것은 사실이었다. 그러나 아무리 상황이 바뀌었어도 나를 모른다고 할 수는 없지 않은가. 아쉽게도, 만남의 긴 공백은 한때는 애틋했던 우리 사이를 허무로 만들고 말았다.

아마도 그녀 신변에 많은 변화가 있었나 보다. 나를 더욱 당황하게 한 것은 내 얼굴이 생각나지 않는다고 세 번이나 말하면서 자기가 바보가 됐다고 했다. 그 말에 걱정되어 그녀를 위로하려는데, 전화 속에서 남자 목소리가 들려왔다. 더 이상 대화할 수가 없어 전화를 끊었다. 그녀는 자기가 전화를 다시 하겠다고 했다. 그렇게 우리의 통화는 끝이 났다. 그녀에게 어떤 신체적 변화가 생겼을까, 혹시 가벼운 치매라도 생긴 것일까. 궁금해서 다시 전화를 걸고 싶었으나 애써 꾸욱 참았다.

   전화를 끊었지만, 며칠 동안 온통 그녀 생각뿐이었다. 가정주부로서 열심히 살아온 그녀는 외로움의 고비를 넘길 수 없었던 것일까. 어려운 고비나 풀리지 않은 문제를 풀려고 애쓸 때 고개를 넘는다고 한다. 그런데 앞으로 부딪히게 될 힘든 일을 홀로 넘을 자신이 없었는지도 모른다. 70세가 넘었지만, 짝을 찾아 손을 잡고 편안히 어려운 고개를 넘고 싶었나 보다. 그녀 삶의 선택을 존중하기로 했다. 그녀가 행복하다면 그것으로 그만 아니겠는가. 이제 나는 그녀의 행복만을 두 손 모아 빌리라.

 ## 매일매일 살기가 벅차다

　전철에서 옆에 앉은 젊은 여인이 열심히 핸드폰을 계속 두들기고 있기에 궁금해 넘겨다보았다. 그녀는 주식거래를 하고 있었다. 증권회사에 가지 않고 전철에서 핸드폰으로 거래하는 모습에 놀랐다. 요즘은 핸드폰으로 세상만사를 다 처리한다더니, 그 말이 맞았다.

　나는 소문난 기치라 기계에 관심이 없어 어느 기계도 제대로 작동할 줄 모른다. 옛날에는 정전이 자주 일어났다. 두꺼비집을 열고 처리하면 된다는데, 겁이 나 남편이 올 때까지 촛불을 켜 놓고 기다릴 정도였다. 한심한 일을 말하라면 줄줄이 많다.

　핸드폰으로 송금하면 오류가 생길까, 직접 은행에 가니 불편했다. 자주 핸드폰으로 하지만 거금일 때는 조심스러워 은행으로 직행했다. 그것뿐만이 아니다. 요즘은 식당이나 커피숍에서도 기계로 주문한다. 처음에는 성가셔서 접근하기 싫었다. 귀찮기는 했지만 급변하는 세상에 적응하려고 무던히 애쓰며 살아왔다. AI 등장에도 순응하며 사용하려 노력했다. 그런데 이번에는 챗GPT, 제미니까지 등장해 인간보다 앞서려 하니 정신이 몽롱해진다. 그래도 적응해 보려 한다.

 글쓰기를 막 시작해 새로운 세계에 적응하느라 엉거주춤 불안해하는데, 다양한 형태의 AI가 나타나 인간보다 더 잘, 더 빨리 글을 쓰고, 번역도 순식간에 척척 해내니 맥이 빠졌다. 나처럼 둔한 초보자의 글솜씨로 그들을 대항해야 하니 기가 막혔다. 그렇다면 인간이 그들과 대결할 방법이 무엇일까. 그들의 작품을 몇 편 읽어 보았다. 그네들이 인간 감성을 적절히, 정확하게 표현하는 데는 한계가 있음을 알게 되었다. 지나치게 겁먹을 필요 없다고 생각되니 마음이 다소 가벼워졌다. AI의 영역과 인간의 사고 체계에는 차이가 있다. 따라서 예상치 못한 변화가 와도 처음부터 두려워 피할 필요는 없으리라. 느리고 부족하더라도 다가가 맞부딪혀 보고 싶었다.

 간신히 IT 시대에 그럭저럭 적응하며 살아왔는데 근래에 나를 더 힘들게 하는 상황이 벌어졌다. 글을 쓰며, 컴퓨터를 늘 사용하면서 문제가 생겼다. 자판의 활자만 찍는 수준이니 문제가 생기면 기능 전환을 못해 곤란할 때가 많았다. 컴퓨터 조작 방법을 모르니 당황하여 늘 쩔쩔맸다. 급기야 동네 부동산 총각을 찾아가 도움을 받았다. 이런 어처구니없는 일이 수시로 일어나니 속이 상하고 부끄러웠다.

총각에게 미안해하며 넋두리를 늘어놓았다. 삼십여 년 전만 해도 그런대로 잘 지내 왔다고도 했다. 가족의 만류를 무릅쓰고 운전면허증도 취득했고, 고된 연수를 거쳐 자유롭게 운전도 했다. 힘들여 취득한 운전면허증 덕분에 시대 흐름에 맞게 퇴임할 때까지 이십여 년간 출퇴근을 자유롭게 했다고 자랑도 했다. 나의 부족함을 덮으려는 듯 떠벌렸지만, 젊은이들도 적응하기 힘든 세상에서 어제의 생각으로 사는 내가 빠르게 변하는 현실에 적응하려니 버겁고 힘들었다. 넓은 세상에 나오니 나 자신이 너무 작다고 느껴지면서 점점 자신감이 없어졌다.

총각과 이야기를 나누던 중, 그는 속내를 말했다. 여러 번 취직 시험에 낙방했단다. 자격증을 취득해 공인중개사가 됐지만, 경기 침체로 월급도 받지 못했단다. 힘들게 얻은 직장인데 주택 가격 급락으로 거래가 없어 살길이 걱정되어 잠을 이룰 수 없단다. 안타깝게도, 천만 원을 주식에 투자했는데 손실이 컸다며 깊은 한숨을 내쉬었다. 그의 눈에서는 회한의 빛이 지나갔다. 소득이 없어 삶의 터전을 만들지 못하니 미래가 보이지 않는다고 한탄하는 모습이 안타까웠다.

누구나 일을 시작할 때는 경험 부족으로 어려울 때가 많으니 상황을 잘 파악해 적응해 보자 했다. 첫걸음부터 두려워할 필요가 없으니 위기가 기회라고 생각하며 용기를 내자고 했다. 그는 나의 말에 동의하며 미소 지었다.

그를 위로했지만, 실은 나도 무엇을 하며 어떻게 살지 늘 고민해 왔다. 오랜 공직 생활 틀에서 벗어나 홀가분해졌는데, 앞에 펼쳐진 세상은 복잡미묘하며 녹록하지 않았다. 몸은 자유롭게 됐는데 마음은 안정되지 않고 불안해졌다. 현재 생활에서 문외한으로 취급당할지도 모른다는 자괴감마저 들었다. 허구한 날 몽롱한 상태로 지낼 수는 없었다. 이제 정신을 가다듬어 무엇이라도 해야겠다.

다행히 글쓰기를 시작해 나의 온 정신을 글쓰기에 집중하다 보니 모든 걱정을 툴툴 털어 낼 수 있는 마음의 여유가 생겼다. 세상과 소통하며 답답한 마음을 풀어낼 수 있으니 그나마 다행일 뿐이다. 아직은 나의 모든 감정을 완벽하게 표현하지 못해 아쉽기는 했다. 그래도 무기력한 상태에서 하루하루를 지내기 힘들어하는 나에게 글쓰기는 삶의 돌파구가 되었다. 감사할 뿐이다. 지금은 글을 엮어 가는 능력이 부족해 마땅치 않아도, 용기를 잃지 않고 계속 글을 써 보려 한다.

# 사라져 가는 삶

아마도 15년쯤 전이었다. 동창회에 허리가 굽어 키가 더 작아 보이는 한 선배가 나타났다. 멋지게 치장하고 나타난 다른 동문과는 달리 평범한 할머니 차림으로 나타난 그녀는 모든 사람의 시선을 끌었다. 그녀는 이곳저곳 다니면서 인사를 나누었다. 여러 동문과 인사했으나 깊은 대화를 나누는 사람은 별로 없었다. 그래도 매번 그녀는 빠짐없이 동창회에 나왔다. 그러나 서먹서먹한 표정을 지으며 회의장을 두리번거리는 그녀의 모습은 쓸쓸해 보였다. 그 모습이 왠지 애처롭게 느껴져 나는 그녀 옆에 다가가 말을 걸었다. 반색하며 그녀는 본인에 관한 이야기를 술술 풀기 시작했다.

일제강점기 초등교, 보통 여고에 다닐 때 조선말을 쓴다는 이유로 구둣발로 마구 채이며 교육받았고, 제2차대전 때에는 정신대에 가라고 강요받았으나 반항하여 온갖 체벌을 받았단다. 그리고

마침내 경성사범대학에 입학·졸업한 후 사범대 국어과 조교로 근무했단다. 후에 화장품회사를 운영했다가 돈을 벌기도 했는데, 불행하게도 운영난으로 파산해 고생이 많았단다. 이렇게, 그녀의 이야기는 만날 때마다 끝날 줄 모르고 줄줄 이어졌다. 숨도 쉬지 않고 하는 이야기 속에는 그녀의 애잔한 아픔이 묻어났다. 그녀의 삶 속에는 보통 사람과는 다른 강인한 투쟁과 아픔이 함께 서려 있었다. 이렇게 그녀의 이야기를 들으면서 우리 두 사람은 가까워져 정이 들었다.

코로나가 터지기 2년 전 그녀는 부탁할 일이 있다며 단둘이 만나자고 했다. 한때는 세계 문인협회 World Literature 회장을 했고 당시는 편집장을 맡고 있다고 했다. 그녀가 그렇게 말했지만, 이렇게 왜소한 모습의 노인이 그런 역할을 했다는 사실을 믿을 수 없었다. 내가 믿지 않는다고 느꼈는지 그녀는 갑자기 가지고 있던 보따리를 풀었다. 그 보따리 속에는 오래된 듯이 보이는 세계 문인 작품 30편이 있었다. 한국에서 문인협회 회의를 해야 하는데 여건이 맞지 않아 아직 개최하지 못했다며 안타까워했다. 작품이 편집되면 교정도 해 주고, 회의에서 영어로 사회를 맡아 주관해 달라고 간절하게 매달렸다. 나는 쉽게 답할 수 없어 어떤 핑계라도 대고 그 자리를 피하고 싶었다. 문인협회 상황도 알 수 없었고 앞으로 무슨 일이 일어날지 몰라 거절하고 싶었다. 그러나 간곡한 부탁에 감히 거절하지 못하고 그러자고 했다. 집에 돌아와서 냉정히 거절하지 못한 것을 후회했다. 문학 분야에 견문이 없는 사람이 영어를 조금 한다고 해서 해낼 수 있을까. 어찌 되었든 그 이후로 그녀와 함께 출판사와 회의 개최 장소를 확인하며 회의 준비하느라 분주히 다녔다.

그런 와중에 코로나로 온 세상이 혼돈에 빠져 간혹 연락되던 문인과도 연락이 끊기더니, 거의 모든 회원과 연락이 되지 않아 주최 측도 회의 개최가 불가능함을 알게 되었다. 어쩐지 모든 상황이 막연하다 느꼈지만, 시도했던 회의 개최가 어렵게 되니 나로서는 시원섭섭하다는 생각이 들었다. 그녀는 운영하던 사업 실패로 고민하면서도 문인협회 회의를 개최해야 한다는 강박감에 눌려 안타까워 안절부절못하더니 시간이 지나면서 별수 없이 포기했다.

선배는 평생을 삶에 부대끼며 살았지만 억척스럽게 헤쳐 왔다. 남편은 의사였고 자손들의 자금을 모아 사업을 했는데 실패했단다. 그녀는 안간힘을 다해 온갖 아픔을 다스리려 애썼지만, 난관을 해결하기에는 역부족이었다. 그런데 코로나 이후 어느 날부터 동창회에서 그녀를 볼 수 없었다. 무소식이 희소식이라지만 그냥 막연히 그녀가 나타나기를 기다릴 수만 없었다. 불안하고 다급해져서 전화했으나 통화도 되질 않았다. 영영 만나지 못할지도 모른다고 조마조마해져 보고 싶다는 호소 메시지를 보냈다. 마지못해 그녀는 주소를 알려 주었다.

날이 추워 엄두를 내지 못하다가 3월이 되자 갑자기 마음이 다급해졌다. 아직 날이 추웠지만 서둘러 집을 나섰다. 그녀가 사는 영등포 대성빌딩 주소를 들고 전철을 여러 번 갈아타고 영등포역에 갔다. 후배가 아직 오지 않아 빌딩을 찾아 30여 분 헤매다 간신히 찾아냈다.

대성빌딩 계단을 오르는 내 심장은 두근거렸다. 나는 그녀의 방문을 떨리는 손으로 노크했다. 선배님, 제가 왔어요. 그녀는 문을 살며시 열며 내다보았다. 짐이 가득 차 있는 작은 고시원 방문 앞에 그녀는 다리도 쭉 펴지도 못한 채 앉아 있었다. 그래도 총기가 있는 반짝이는 눈으로 "반가워"라고 말하며 반겼다. 그녀는 왜 왔느냐고 푸념했다. 내가 점심을 살 수 있는데 다리가 아파 나갈 수 없다며 여전히 자존심을 세웠다. 그러더니 몇 마디 말도 나누지 못했는데 갑자기 가라고 문을 닫으려 해 당황했다. 어쩔 수 없이 준비한 선물만 남기고 허망하게 돌아서야만 했다. 마음속에 묻힌 이야기를 편하게 나누고 싶어 몇 날을 고심해 왔다. 오매불망 만나고 싶어 갈팡질팡했던 내 마음은 아랑곳하지 않고 고맙다는 말 한마디로 우리의 해후를 끝내려고 했다. 본인 처지가 딱하다 보니 그 모습을 보이지 않으려 한 것은 이해됐다. 낯선 후배들이 있어 불편해서 '가라'고 했으리라 생각하니 미안하고 후회스러웠다.

층계를 내려오는데 가슴에 큰 돌덩이를 안고 있는 듯했다. 시원치 않은 다리가 후들후들 떨려 쓰러지려 비틀거렸다. 그토록 궁금했고 보고 싶었던 선배를 만났는데 숨이 막히고 가슴이 답답했다. 어디서부터 무엇이 잘못돼 그녀는 저 좁은 고시원에 쪼그려 앉아 있을까. 국가가 보조해 주는 음식을 기다리며 온종일 앉아 있을 그녀를 생각하니 마음이 아팠다. '가엾다' '불쌍하다'라는 말로는 그녀의 딱한 처지를 말할 수 없었다, 그저 애처롭기만 해 한숨만 쉬었다.

 돌아오는 전철 속에서 그녀가 무심결에 한 한마디 "사람이 수명이 긴 것은 좋지 않아."라는 말이 윙윙대며 귓속에서 계속 울려 퍼졌다.

7
영국에서 한 달 살기

영국에서의 첫날

떠남은 무엇인가 새로운 것을 만날 것이라는 기대로 늘 가슴을 부풀게 했다. 내가 그토록 가고팠던 영국으로 떠난다니 설레어 밤새 잠을 설쳤다. 팀원을 안내한다는 부담감으로 서둘러 김포공항으로 갔다. 공항은 오가는 사람들로 붐벼 정신을 차릴 수 없었다. 한참 기다려도 아무도 나타나지 않았다. 너무 일찍 나와 공연히 사서 고생한다고 혼자 투덜대면서 팀원들이 오기를 눈이 빠지게 기다렸다. 밤잠을 설쳤지만, 책임감으로 흥분되어 피곤한 줄도 몰랐다. 전국에서 특별 과정으로 선발된 30명 영어 교사가 두 개 조로 나누어, 한 팀은 웨스트서식스 연수원으로, 나와 우리 팀은 에식스에 있는 벨 대학으로 갈 예정이었다.

김포공항에서 떠날 때는 새로 가게 될 세상에 대한 희망으로 흥분된 탓인지 우리 팀은 물론, 주변에 있던 사람들도 너 나 할 것 없이 요란스럽게 난리를 떨었다. 북새통에 우리 팀은 김포를 떠나 1991년 당시 세계에서 번화한 공항 중 하나인 영국 공항 히드로에 도착했다.

드디어 고국을 떠나 13시간 만에 히드로공항 안으로 들어갔다. 그런데 어쩐 일인가. 공항 안에 들어가니 번화하리라 예상했던 것과는 달리 차분한 분위기가 엄습해 왔다. 우선 들떴던 마음을 가라앉혀야 했다. 장시간 비행기 여행으로 지쳤어도 무척이나 오고 싶던 곳이라 피곤 정도는 문제가 되지 않았다. 마음을 가라앉히고 공항의 이모저모를 살핀 후 진행 상황을 파악해야 했다. 계속 두리번거리며 주위를 살폈다. 영국 공항은 소박했다. 혼잡도 소란도 없이 친절한 안내원의 도움에 따라 질서 있게 줄지어 있는 광경을 보고 놀랐다. 관광객도 덩달아 숨죽이고 서 있어야만 했다. 이 나라 사람들은 어쩌면 얄미울 정도로 이렇게 차분하단 말인가.

40여 일을 이곳에서 지내야 하니 우리 짐 보따리는 크고 많아 수화물을 수령하는 데 시간이 걸렸다. 각자 짐을 챙긴 후 급히 서둘러 연수받을 밸 대학으로 떠났다. 학교에 도착한 시간이 조금 늦은 저녁인 탓인지 맞이해 주는 사람도 없었다. 마냥 부풀었던 기대와는 달리 이 냉랭한 분위기는 무엇이지. 단지 딱딱한 빵 덩어리와 주스만이 우리를 기다리고 있었다. 달갑지 않아도 배가 고파 마지못해 먹었다. 어쩐지 푸대접받는 듯해서 너무 서운했다. 여기서 냉정하고 객관적이며 사무적인 영국인의 일면을 보는 듯했다.

보잘것없는 저녁 식사를 마치고 대학에서 전한 주어진 메모 지시에 따라 운전기사의 도움으로 학교 근처에 있는 family house

로 각자 안내되었다. 늦은 저녁이라 거리에는 사람이 없어 조용했고, 그림 같은 집들이 줄지어 있다. 그 그림 속의 한 집으로 나는 안내되었다. 집 여주인은 나를 반갑게 맞으며 자기도 중학교 교사라며 선생님을 만나 반갑다고 했다. 그녀는 집 안을 여기저기 안내했다. 그녀의 친절한 안내에 따라 집 안을 두루 살폈다. 멀리서 온 손님이 피곤할 것이라 느꼈는지, 안내를 간단히 끝내고 내가 머무르게 될 방으로 안내했다.

문을 여니 깨끗한 방이 나타났다. 방바닥은 나무로 되어 있었는데 걸을 때마다 삐걱삐걱 소리가 나서 신경이 거슬렸다. 다행히 작은 창문으로 길 건너편 풍경을 볼 수 있어 좋았다. 주택 건물 배치가 길가에 바싹 붙어 있는 구조였다. 마당이 앞에 있고 주택이 안쪽으로 있는 한국주택 구조와는 정반대여서 이상하게 느껴졌다. 영국은 비교적 흐린 날이 많아 선탠하려고 마당을 뒤편에 두는 구조를 택한다고 들었는데 사실이었다. 오가는 사람들의 발소리가 들려왔고 가끔 자동차 소리도 들려와 안정감이 적었다. 다행히 그곳에는 침대, 책상과 의자, 옷장이 예쁘고 깨끗하게 정돈돼 있었다.

피로를 풀어 보려고 그녀가 알려 준 욕실로 갔다. 화려하지는 않지만 모든 물건이 깨끗하게 정리정돈되어 있었다. 이곳에서 문화 수준이 높은 그들의 일상생활의 일면을 볼 수 있었다. 그들의 욕실 문화는 우리와는 달랐다. 욕조가 있는 곳을 제외하고는 모두 양탄자가 깔려 있었다. 세면대를 사용할 때 물이 흘러내릴까 조심스러웠다. 그뿐만 아니라 욕조를 사용할 때도 양탄자로 물이 떨어질까 봐 신경이 많이 쓰였다. 더욱 조심스러운 것은 영국인은 검은 머리카락이 욕조에 있으면 질색으로 여긴다니 특별히 조심했다. 피로를 풀려고 목욕했는데 신경을 쓰다 보니 오히려 피로가 쌓였다. 그네들의 욕실을 조심스럽게 쓰다 보니, 물을 마음껏 쓸 수 있는 우리의 욕실 구조가 훨씬 좋아서 하루 만에 벌써 고국이 그리워졌다.

잠자리에 들기 전에 방을 다시 둘러보니 천장, 석가래, 기둥은 나무로 되어 있었다. 기둥은 갈색 페인트로 칠해져 있었고 벽은 예쁘게 도배되어 있다. 그런데 기둥과 벽 사이에는 아주 좁은 틈새가 있어 겨울에는 바람이 들어올지도 모른다고 염려됐다. 아마도 손님을 맞기 위해 새로 준비한 방인지도 모르겠다. 길가에 바로 붙어 있는 방이라 걸어가는 사람들의 말소리, 가끔 지나가는 자동차 소리가 조용한 여름밤을 타고 낯설게 들려왔다. 왠지 모르지만 쓸쓸하게 느껴지는 이 방 분위기는 여기는 아직은 낯선 영국이라고 확인해 주는 듯했다. 익숙지 않은 곳에서의 첫날밤은 길고도 길었다. 잠이 오지 않아 한참 뒤척거리다 나도 모르게 잠이 들었는데, 밖에서 차 소리가 들려와 깨어 보니 아침이었다.

〈방문년도 1991년〉

벨 대학에서

　벨 대학에 가는 첫날이라 새벽부터 흥분되어 서둘러 하숙집을 나섰다. 학교로 가는 길은 어렵지 않았으나, 앞으로 한 달간 공부하게 될 그곳에 호기심이 부풀어 발걸음을 재촉했다. 기대를 듬뿍 안고 빨리 걷다 보니 호흡이 빨라져 숨이 가빠졌다. 학교에 도착하니 나를 환영이라도 하는 듯 환영 파티 '국제인의 밤'이란 벽보가 벽마다 붙어 있다. 포스터를 보니 공연히 들떠 서둘러 강의실로 발길을 옮겼다.

　팀원들은 벌써 왁자지껄 떠들며 회포를 풀고 있었다. 그들을 만나 우리말로 수다를 떨다 보니 고향에 온 듯 반가워 긴장이 확 풀렸다. 저녁 파티 기대로 즐거워 온 방에 웃음이 번졌다. 팀원들과 대화하다 보니, 지난밤부터 영어로만 말하다 쌓인 온갖 피로가 사르르 녹았다. 온몸이 느긋해지더니 놀랍게도 간밤에 딱딱한 침대에서 굽어진 어깨가 펼쳐지고 통증도 사라져 몸이 가벼워졌다.

드디어 수업이 시작되었다. 교수는 천천히 친절하게 연수 과정을 설명하려 애썼다. 그러나 순간마다 곤혹스러웠다. 안타깝게도 귀를 쫑긋 세워 열심히 집중했어도 내용을 모두 이해하지 못해 답답했다. 팀장인 나는 모든 과정을 파악해 팀원들을 안내해야 한다는 중압감으로 불안하고 걱정이돼 가슴이 두근거렸다.

다음은 자기소개 시간이었다. 영어로 3분 정도 말하려면 적어도 이십여 문장을 말해야 하니 쉽지 않았다. 속상하게도 내가 리더라고 교수님은 제일 먼저 지목했다. 주눅이 들었는지 가슴이 덜덜 떨려 목소리도 제대로 나오지 않았다. 그래도 리더의 품위를 지켜 차분히 소개했다. 벨 대학에서 공부하니 영광이라고 덧붙이기도 했다. 날이 더워서인지 긴장한 탓인지 땀이 흘러 온몸이 흠뻑 젖었다. 간신히 수업을 마치고 나니 머리가 띵하고 귀가 먹먹해졌다. 팀원들은 머리를 절레절레 흔들며 지옥에 갔다 온 느낌이 들었단다. 첫날이라 긴장되고 힘들었겠지만, 시간이 지나면 익숙해져 좋아질 것이라고 서로 위로했다. 긴장된 속에서 하루 수업을 간신히 끝냈다.

벨 대학에서의 나날이 매번 힘들기만 하지는 않았다. 특히 점심시간이 되면 우리는 자유롭고 즐거웠다. 팀원과 편하게 우리말로 이야기하며 맛있는 음식을 마음껏 먹을 수 있어 온갖 걱정과 시름이 사라졌다. 운 좋게, 옆에 노란 머리 외국인이 있으면 영어로 말하기 연습을 충분히 해낼 수 있는 최고의 기회라 여겨 기뻤다. 한국을 알리고 상대방 나라를 알아내려고 애쓰면서 열심히 묻고 답하느라 바빴다. 현장 연수가 언어 공부에는 최고의 기회라 여기며 능숙한 회화를 하려고 최선을 다했다.

처음 수업이 시작될 때는 강의 내용을 제대로 이해 못 해 쩔쩔매었으나, 보름쯤 지나니 주제에 관해 5~7분 정도는 너끈히 체계적으로 발표할 수 있게 됐다. 담력도 표현력도 늘어 여유롭게 발표해 박수와 찬사도 받았다. 이제는 외국인과의 만남이 두렵지 않을 정도의 자신감도 생겼다. 더욱 반가운 것은, 언어 소통이 어려워 힘들어하던 남자 팀원들도 긴장을 풀고 자유롭게 타국 회원들과 대화를 나누는 모습이 자주 눈에 뜨였다. 그뿐만 아니라 당당하게 주제 발표하는 모습은 그들을 안내하는 리더로서 믿음직스러워 안심되었다. 그들의 실력은 고국에 돌아가 학생 지도에 크게 도움이 되리라는 확신이 들었다.

무엇보다도 대학에서 '국제인의 밤'을 열어 고된 수업으로 힘들어하고, 고향을 그리워하는 연수생을 위로해 주어 참으로 고마웠다. 그날의 환영 파티는 오랜 세월이 지난 지금도 잊을 수 없는 추억으로 남았다.

파티 시간이 되기를 눈이 빠지게 기다리다 연수생들은 기대와 호기심으로 부풀어 서둘러 강당으로 몰려갔다. 마침내 파티가 시작됐다. 학장은 환영 인사를 하며 교수들을 소개했다. 천천히 쉬운

영어로 말하니 수업 시간과는 달리 상황 파악이 훨씬 쉬었다. 사회자가 나라별로 소개하면 연수생들은 일어나 익살스럽게 다양한 방법으로 인사했다. 우리 팀도 양손을 힘차게 흔들면서 인사했다. 참가자들은 자기 나라의 특색을 살려 다양하고 재미있게 장기자랑도 했다. 그들은 다채롭고 희한한 장기를 보여 주었다. 흥에 겨워 웃고 즐기느라 눈물을 질질 흘리기도 했다. 어찌나 요란스럽게 웃고 떠들어댔던지 강당이 들썩들썩 흔들리는 것 같았다. 파티하는 사이에 그동안 수업하면서 받았던 온갖 스트레스를 훨훨 날려 보냈다.

우리 한국 여자팀은 장기자랑 할 때 한복을 입고 출연해 '한복'의 우아함을 알렸다. 여기저기서 원더풀이라 외치는 함성이 울려 퍼졌다. 나는 어색하고 부끄러워 얼굴이 화끈 달아오르고 심장이 펄떡펄떡 뛰었지만 춤을 추면서 아리랑을 불렀다. 이곳저곳에서 함성이 터져 나왔고 박수갈채가 울려 퍼져 우리 모두를 설레게 했다. 아리랑 가락과 춤에 매료되었는지 갑자기 앞줄에 앉아 있던 몇몇 연수생들이 일어나 팔을 휘저으며 덩달아 춤추었다. 그랬더니 곳곳에서 연수생들이 일어나 아리랑 가락에 맞추어 어깨를 으쓱대기도 하고 서로 어깨에 팔을 얹고 몸을 흔들었다. 그 큰 강당이 아리랑 물결로 번지니 가슴이 벅차올라 울컥 눈물이 핑 돌았다. 국제인 밤의 향연은 고향을 떠난 우리를 들뜨게 했고, 잠시나마 고향의 그리움을 잊게 해 주었다. 지금도 그날의 향연이 머리에 떠오르면 입가에 웃음이 절로 번진다.

숨을 멈추게 한 케임브리지에서

　중세 건물이 옛 모습 그대로 줄지어 있는, 옛 로마의 발자취를 아직도 느끼게 하는 중세 도시 케임브리지에 도착했다. 옛날이 그대로 남아 있는 듯한 조용하고 차분한 고대 도시에 오니 갑자기 혼이 나가버린 듯했다. 나는 지금 어디에 와 있는 것일까 하고 몇 번이고 되뇌어 보았다. 이곳에서 외계인이 되어 버린 나는 중세인처럼 행동해야 할 것 같은 착각마저 들어 어찌해야 할지 쭈뼛거리며 서성거렸다.

　머리가 띵한 채로 안내자를 따라 케임브리지 35개 단과대학 중 대표인 킹스 칼리지로 갔다. 거대한 대학 건물 앞에 서자 눈이 휘둥그레져 말을 잃고 말았다. 중세 건축의 상징인 첨탑이 죽죽 뻗은 어마어마한 건물 규모에 매혹되어 한참 바라보기만 했다. 1441년 헨리 6세 왕이 세워, 킹즈대학이라 불렸고 케임브리지에서 가장 오래

된 대학이다. 섬세하게 조각된 첨탑이 수없이 높이 세워져 있는 우람스러운 건물 앞에서 나는 개미가 된 듯 작아져 말을 잃은 채, 뚫어지게 건물만 응시했다. 건물의 장엄함에도 놀랐지만, 첨탑마다 구석구석까지 섬세하게 처리한 건축 기법을 보며 그네들이 학문 전당 건립을 위해 온 마음을 쏟았음을 느낄 수 있었다. 이것이 바로 중세 역사가 자랑하는 고딕 양식의 정점을 보여 주는 건물임을 새롭게 깨달았다.

영국인들이 첨탑을 온 정성을 다해 저렇게 높이 세운 이유가 무엇일까. 아마도 그들은 첨탑을 높이 많이 세우면, 하늘(천당)로 쉽게 닿을 수 있다고 믿었을지도 모른다고 여겨지니, 중세인의 신앙심이 순수했고 진실이었다는 생각이 들었다.

더 놀라운 것은 킹스 칼레지 옆에는 범상치 않은 건물이 있는데 그것은 바로 킹스 대학교회다. 눈부시도록 번쩍이는 화려한 교회 모습에 놀라 그 자리에서 숨을 멈춘 채, 한 발자국도 내디딜 수 없어 말뚝처럼 서 있었다. 왠지 두려워 다가가지 못하고 멈칫멈칫 머뭇거렸다. 조금 떨어져서 교회를 바라보니 무지개 색깔로 된 커다란 스테인드글라스가 양쪽으로 줄지어 벽을 이루었다. 그리고 각 창문에는 첨탑이 위로 뻗어 있고, 건물 모퉁이에는 더 큰 첨탑이 떠받치고 있었다. 고딕 양식의 꽃인 수많은 첨탑은 킹스대학 교회라는 이름에 어울리는 화려함을 나타냈다. 수많은 첨탑을 세워 최상의 교회를 만들려고 애썼던 그들의 숭고한 신앙심을 보는 듯했다.

 높이 솟아오른 첨탑으로 뒤덮인 킹스 대학, 무지개색 스테인드글라스로 눈부시게 빛나는 황홀한 교회의 경관, 주변에 넓게 끝없이 펼쳐진 푸른 잔디밭, 이들의 하모니에 묻혀, 아마 천국이 있다면 이런 곳이 아닐까 하고 생각됐다. 나는 잔디밭에 앉아 그 아늑함에 편하게 안겼다. 이 놀라운 광경을 눈과 가슴에 마음껏 담고 싶어 모든 생각을 멈추고 붙박이처럼 그곳에 한참 머물렀다.

 영국인들이 수백 년 걸쳐 만들어 놓은 문화유산을 바라보며 갑자기 궁금증이 발동했다. 그들은 어떤 교육을 통해 수백 년 전에 이와 같은 훌륭한 건축 기술을 개발할 수 있었을까. 그뿐만 아니라 이

장엄한 건물을 세워 현재까지 사용할 수 있도록 설계한 건축 기법은 무엇일까. 아울러, 후손들이 이 건물을 오늘까지 보존해 올 수 있도록 한 방법은 어디서 나온 것일까. 그것은 교육이나 종교의 힘에서 나온 것일까. 아니면 강력한 군주의 힘이었을까. 갖가지 의혹이 꼬리에 꼬리를 물고 일었다.

내가 그곳을 방문한 후 수많은 세월이 흘러간 지금도 그들이 일궈온 유산이 내 뇌리에 뚜렷이 각인되어 있고, 그때의 감동으로 환희에 빠지게 하는 마력은 무엇이며 그것은 어디서 나온 것일까 헤아려 본다.

그들의 놀라운 건축 문화를 감상하다 보니 우리나라의 귀한 문화재가 생각났다. 영국과 같은 건축 유산을 남기지는 않았지만, 그 당시 조선 세종대왕은 천문학 기상학 인쇄술 등 과학기술 발전과 화약 화포를 개발하여 군사력을 강화했다. 무엇보다도 자랑스러운 것은 체계적이고 과학적인 훈민정음을 창제하여 우리가 오늘날까지 편리하게 활용할 수 있는 한글을 남겼다는 것은 고맙고 감격스러울 뿐이다.

세계 모든 나라들은 우리나라와 영국이 내세우듯이 나름대로 귀중하게 여기는 고유문화를 보관해 자랑하고 있다. 그뿐만 아니라 그들은 훌륭하고 소중한 문화유산을 오랜 세월이 흘러가도 찬란히 빛나도록 간직해 오느라 애쓰고 있다.

  이번 여행에서 영국의 귀중한 유산 중 하나인 케임브리지대학 방문은 특별났다. 특히, 킹스 칼리지를 방문해 그곳의 전경을 마음에 담을 수 있었던 일은 잊을 수 없는 추억이었다. 비록 그날의 감동을 그대로 표현하지 못하는 나의 능력이 아쉽지만, 그때 그곳에서 받았던 감명은 내 혼 속에 깊이 파고들었다. 많은 시간이 지났어도 꿈에서 본 듯이 내 머리에서 아른거리고 있어 늘 미소 지으며 회상하곤 한다.

 ## 캠 강에서 펀팅 하기

교 수님이 입버릇처럼 자랑했던 캠 강으로 펀팅 가는 날이다. 무더위에 수업하지 않고 캠 강으로 간다니 소녀처럼 들떠 소리치며 환호했다. 강 근처에 도착하니 바람이 솔솔 불어와 제법 시원했다. 지난번 영국의 명문대 킹즈, 세인트존스, 트리니티, 퀸즈 대학을 걸어서 방문했던 감동으로 여전히 가슴에 설레어 두근거리는데, 이번에는 나룻배를 타고 두루 관광한다니 기대가 컸다. 캠 강은 주로 대학 건물 뒤로 흐르고 있어 완전히 다른 풍경을 보게 되니 기대로 부풀어 설랬다.

강 나루터는 퀸즈대학에서 아주 가까웠다. 그곳에는 펀트 (바닥이 평평하고 사각형의 뱃머리를 갖춘 나룻배)가 줄지어 있고, 사람들이 펀팅 하는 광경이 보였다. 한 폭의 그림 같은 풍경이었다. 배에는 보통 4~5명이 타고 있고, 그중 한 명은 노를 저었다. 노 젓는 사람을 쇼퍼라 하는데 대학생들이 흔히 아르바이트로 안내했다.

 젊은 쇼퍼가 있는 펀트로 우리 팀은 갔다. 그는 미소 지으며 반갑게 맞더니, 주의사항을 말하고 캠 강을 가르기 시작했다. 물바람이 시원하게 불어오니 물 냄새가 코를 스쳐 갔다. 한참 후, 노를 젓던 안내원이 앞에 있는 건물을 보라고 소리쳤다.

 눈앞에는 붉은 벽돌로 된 중세 전통 건물이 나타났다. 중세 특징인 첨탑이 예쁘게 뻗어 있었다. 헨리 6세와 에드워드 6세 부인이 세웠다고 해서 '퀸즈Queens'라 불리는 대학이다. 대학 뒤쪽에는 '수학의 다리'가 있는데 못을 사용하지 않고 수학적 설계로만 만들어진 다리란다. 안내원은 열띠게 설명하느라 애썼지만, 보람도 없이 팀원들은 강물을 손으로 튀기면서 지나가는 경치만 바라보고 있었다. 나는 왠지 미안해서 그와 눈을 마주치며 경청하느라 피곤함이 밀려왔다.

 갑자기 눈앞에 중세 문화를 보존하고 있는 웅장한 중세 건물 킹즈대학이 나타났다. 대학과 교회가 눈앞에 다시 나타나니 나도 모르는 사이에 반가워 소리쳤다. 여기저기서 팀원들의 함성이 울려 퍼졌다. 며칠 전 중세 분위기에 푹 빠져 황홀했던 분위기가 되살아난 듯해 그곳을 떠나고 싶지 않아 숨죽이고 가만히 있었다. 배를 타고 조금 먼 곳에서 바라본 대학은 웅장하면서도 고요하고 아늑한 분위기를 자아내 침묵의 황홀 속에 빠지게 했다. 그냥 쓱 지나가기 아쉬워 두 손을 흔들며 헤어졌다.

뱃머리는 아이작 뉴턴과 찰스 황태자(현재 왕)의 모교이며, 31명 노벨상 수상자를 배출한 트리니티 칼리지로 갔다. 어마어마한 건물과 넓은 교정을 가진 제일 큰 대학이다. 거대한 정문 위에는 설립자 헨리 8세의 조각상과 문장이 새겨져 있었다. 정문 옆에는 뉴턴의 집에서 분양해 온 사과나무가 있지만 멀어서 잘 볼 수 없었다.

킹즈대학과 교회 펀팅하기

갑자기 한 팀원이 노를 젓겠다고 했다. 안내자는 노 젓는 방법을 자세히 설명하고 노를 넘겼다. 처음에는 미숙해서 여기저기 부딪히며 기우뚱거렸다. 걱정이 많이 됐다. 우리가 긴장하며 염려하는 사이에 그는 벌써 익숙해져 있었다. 어느새 안내원은 안심됐는지 저 멀리에 '탄식의 다리'가 보인다고 외치면서 설명을 이어 갔다.

퀸즈대학 수학의 다리

세인트존스 대학 탄식의 다리

우리가 간 곳은 케임브리지에서 두 번째로 큰 세인트존스 대학이다. 그곳에는 구 대학과 신 대학을 연결하는 다리가 있었다. 안내자는 대학보다는 다리에만 관심이 있어 그것만을 설명했다. 학생들이 어려운 시험을 치른 뒤 이 다리를 거닐면서 탄식했다는 말이 전해져 '탄식의 다리'라고 붙여졌단다. 학생들이 공부가 힘들고 어려워 다리 위에 모여 한숨짓고 탄식한 것이 공감된다며 안내원은 그들의 심정을 깊이 이해하고 있었다.

대학에서 성가가 흘러나왔다. 내가 예배보러 갔을 때, 다채로운 색깔로 빛나는 스테인드글라스로 된 천장이 인상적이었던 교회였다. 그곳에서 성가가 들려오니 반가워 내가 그 교회에서 예배를 봤다고 안내원에게 자랑했다. 그는 나의 말에는 전혀 관심이 없는 듯, 단호하게 영국에서는 킹스대학 교회가 설교도, 성가대도 유명해서 자기는 그곳에서 예배를 드린다고 했다. 나는 멀쑥해서 흘러가는 강물만 바라봤다.

어느 사이에 배는 '탄식의 다리'에 도착했다. 그런데 놀랍게도 다리 밑과 그 주변에는 편안하고 고즈넉한 분위기가 넘쳐흐르는 그림 같은 풍경이 펼쳐지고 있었다. 그곳에는 평온함이 그득했다. 나룻배를 타지 않았다면 느낄 수 없었던 안락함이 그곳에 있었다. 나는 한참 동안 넋이 나간 듯 아무 말도 할 수 없었다. 분위기에 취해, 그곳에 머물고 싶어, 펀트에서 한참 머무적거리다 아쉬워하며 배에서 내렸다.

명문대 케임브리지의 중세 분위기와 템즈 강 나루터의 편안한 안식처는 나의 넋을 빼앗아 갔다. 그곳을 뒤로한 채 떠나려니 아쉬워 멍하니 하늘만 쳐다보다가, 어쩔 수 없이 학교로 귀가하는 버스가 기다리고 있어 발길을 서둘렀다.

런던, 버킹엄 궁전

시골 외곽지역 쌔프론 월든 saffron walden 에 머물다가 런던으로 주말여행을 간다니 흥분되어 밤잠도 설쳤다. 그렇게 가고팠던 곳을 간다니 설레어 공연히 허둥대며 가슴이 퐁당퐁당 뛰었다. 방문하는 날이 다가오니 모든 것이 궁금해서 이것저것 상상하느라고 밤새 뒤척거렸다.

런던에 도착했다. 하늘은 맑고 쾌청했다. 예상했던 대로 여기저기 볼 것이 많아 눈이 휘둥그레졌다. 보고 싶고 궁금한 것은 많지만, 그것들을 뒤로 제쳐 놓고 계획에 따라 우선 버킹엄 궁전으로 향했다.

궁전 정원에서 오전 11시 근위병 교대식이 거행될 예정이어서 혹시 시간을 놓칠세라 서둘렀다. 궁전 앞에는 각국에서 찾아온 여행객들로 붐볐다. 너무 인파로 꽉 차서 밀고 들어갈 틈이 없어 이곳저곳 헤매고 다녔다. 인파 안으로 들어갈 것을 포기하고 맥 빠져 서 있었다. 그런데 어디서 왔는지 여자 경찰관과 백마를 탄 경비병이 나타나 사람들 틈새에 나를 끼워 넣어 줘 간신히 설 자리를 찾았다. 운 좋게도 그들이 도와줘 나는 명당자리를 잡아 근위병의 교대식을 잘 볼 수 있는 행운을 갖게 되었다. 열광의 소란 속에서 사람들의 아우성은 극에 달했다. 옆 사람의 말소리조차 알아들을 수 없었다. 자리를 잡은 후, 정신을 차리고 앞을 바라보니 빅토리아 여왕의 황금색 기념비가 눈앞에서 찬란히 빛났다. 눈부실 정도로 빛나는 황금빛. 그 훌륭한 기념비를 감상할 틈도 없이 갑자기 요란스러운 나팔 소리, 북소리와 함께 근위병들이 나타났다.

본격적인 근위병 교대식이 시작되었다. 온 세상이 갑자기 조용해졌다. 40명 정도의 근위병 악대가 북을 치고 나팔을 불며 앞장서 나왔다. 뒤를 이어 다른 한 팀의 근위병이 연달아 나타났다. 그들은 전통 복장인 검은 바지와 붉은색 상의를 입고 머리에는 길고 큰 검은색 모자를 쓰고 있었다. 그 복장이 무엇을 의미하는지는 알 수 없었다. 눈에 확 띄는 복장은 모든 관중의 시선을 끌었다. 평생 처음 보는 교대식은 피곤해서 멍해 있는 나를 깨웠다. 늠름한 자세로 옆을 지나가자 너무 멋져 숨을 죽이고 바라보았다. 눈을 부릅뜨고 바라보는 사이에 교대식은 끝나 버렸다. 아우성 소용돌이가 다시 일어났고 궁전 마당은 갑자기 혼돈에 빠졌다. 그러더니 순식간에, 그 많던 군중들은 흩어져 각자가 갈 곳을 찾아 어디론가 모두 사라져 버렸다.

  모든 일정을 제치고, 가슴 설레며 서둘러 왔는데, 30여 분 만에 교대식이 끝나고 덩그러니 넓은 궁전 뜰에 남겨졌다. 너무나도 순식간에 끝나 가슴이 텅 빈 듯 허전함이 몰려왔다. 영화가 끝나면 허전하듯이 나는 그 자리에 한참 서 있었다. 차분히 마음을 가라앉혔다. 천천히 군중이 빠져나가 텅 빈 궁전 마당을 굳건히 지키며 우아하게 서 있는 빅토리아 여왕 기념비를 향해 발길을 돌렸다.

  여왕기념비를 경건한 마음으로 바라보며, 대영제국을 오랫동안 이끌어 왕권을 유지했던 그녀를 찬찬히 살펴보았다. 주변에 천사를 거느린 여왕은 높은 의자에 앉아 있었는데 머리 위에는 황금색 천사의 조각상이 번쩍번쩍 빛나고 있었다. 여왕의 통치력이 훌륭했는지, 국민이 여왕을 숭배하는 마음이 컸는지는 알 수 없었다. 기념비는 수호천사로서 사방을 환하게 비추며 영국 왕실을 지켜주는 듯했다.

  내가 서 있는 버킹엄 궁전은 원래 개인 저택이었다. 그것을 조지 3세가 매입해 개축했다. 빅토리아 여왕이 즉위한 이후 국왕이 상주해 오던 궁전으로, 엘리자베스 여왕도 서거 직전까지 그곳에서 살아왔다. 궁전에는 호수, 대정원, 미술관, 도서관 등이 있지만 일반인들은 들어갈 수 없었다. 왕궁 건물 외부는 다른 건물들과 비교

해 보면 평범한 3층 건물이다. 궁전의 규모는 컸지만, 외부는 화려하지는 않았다. 내부는 들어가지 못했지만 화려한 각양각색의 시설물과 작품이 있단다. 왕궁 주변에는 아름다운 정원이 호화롭게 꾸며져 있었다.

최상의 환경에 사는 이들은 별세계 사람이라 여겨졌다. 소시민인 나는 상상할 수 없는 천상의 삶이다. 그들은 감히 보통 사람이 생각할 수 없는 삶을 누리고 있었다. 왕실의 삶은 영화 속의 삶이 아니라 현실의 삶임을 실제로 보았다. 그래도 그들도 기쁨과 슬픔을 느끼며 살고 있으리라. 가끔 뉴스에서 왕실 문제가 보도되는 것을 보면 차이는 있어도 보통 사람처럼 삶의 고통을 겪고 있는 듯해 보였다. 그런데 놀라운 것은, 영국 국민이 오랜 세월 동안 군왕 중심제를 인정하며, 불평 없이 왕실 가족이 온갖 부귀영화를 누리도록 수용해 주는 것이 진정 신기로웠다. 그네들이 혜택받는 일이 당연한 듯 받아들이는 전통을 한국 소시민인 나는 이해가 되지 않았다.

 # 런던 템스강과 타워 브리지

영국인이 그토록 자랑하는 템스강에 드디어 도착했다. 템스강은 런던 도심을 동서로 가르는 강이다. 여기저기 선박이 있고, 백조가 무리 지어 헤엄치는 모습은 한 폭의 그림이었다. 특히 백조가 한가하게 노니는 모습은 고즈넉한 분위기까지 감돌았다. 이 멋진 풍경에 푹 빠져 팀원들은 포즈 취하며 사진을 찍느라 여념이 없었다.

이곳 백조는 옛날부터 왕실에 소속되어 식자재로 쓰였단다. 왕실은 감독관을 두어 강 수질을 관리해 백조를 보호해왔다. 강 수질과 백조 관리에 애쓰니 다행이지만, 식용으로 쓰인다는 말이 신경 쓰여 마음이 편치 않았다. 이 평화로운 템스강은 영국민에게 상당한 도움이 되었을 것이라 여겨졌다. 그런데 놀랍게도 안내원은 템스강에는 고통스러운 역사가 의외로 많았다고 했다. 자세한 내용이 궁금해 확인해 보니 놀라운 사건이 수없이 일어난 것을 알게 되었다.

템스강은 1800년 초까지는 연어가 잡힐 정도로 맑았었다. 1833년 후, 산성비와 온갖 산업 쓰레기가 정화되지 않은 채 흘러와, 1855년부터 강이 오염돼 심하게 부패됐단다. 안타깝게도 1878년 프린세스 앨리스호가 침몰할 당시 800명 중 600명이 사망한 사건이 일어났다. 원인은 익사가 아니고 강물 오염으로 발생한 독가스에 따른 질식사였단다. 그뿐만 아니라, 오염된 식수로 1950년까지 전염병이 창궐했다. 그 이후 하수관 망 설치와 정화 사업으로 1974년에는 연어, 물범 등도 돌아왔고, 그 후에야 강물을 식수로 사용하기 시작했다는 험한 흑역사를 겪어온 것에 놀랐다.

　내가 찾아간 템스강은 어떤 어려움도 없었다는 듯 여전히 한가롭고 평온하게 흐르고 있어, 온갖 극심한 고난을 겪은 흔적은 어느 곳에서도 찾아볼 수 없었다. 오늘의 눈부신 템스강으로 거듭난 모습이 대단했다. 영국의 고유한 특성을 유지하며 고고하게 흐르는 템스강을 바라보면서, 그 강을 깨끗이 오래 보존하려고 애쓰는 그들의 긍지와 자부심을 보고 놀라워 감탄했다.

　특히, 타워 브리지는 한눈에 보아도 영국의 랜드마크로 더욱 눈길을 끌었다. 타워 브리지는 과거에 요새나 감옥으로 쓰였던 런던 타워 근처에 있어 그렇게 이름 붙여졌단다. 타워 브리지를 방문했던 사람마다 입에 침이 마르도록 찬사를 보냈던 그 다리를 가게 되니 가슴이 살짝 설레었다. 성채처럼 생긴 첨탑과 파랗게 칠해진 현수교는 특이하고 근사했다. 그곳에는 고딕 양식으로 된 두 개의 타워가 있는데, 두 타워를 연결하는 다리가 공중에 걸려 있다. 공중에 들떠 있어도 다리 위에서는 보행자들이 자유롭게 통행할 수 있다. 엘리베이터를 이용해 위로 올라가면 2개의 탑을 연결하는 인도교가 있다. 사람들이 줄지어 서서 다리 아래 주변 경치를 구경하는 모습이 보였다. 그곳에는 전시관이 있어 도개교의 역사와 건축 과정을 설명하는 전시물이 있다. 안내자의 설명으로는 밤에 조명이 밝혀지면 이 다리의 현란함은 아름다움의 극치를 넘는 예술이라고 극찬했다. 타워 브리지에 갔던 친구들이 야경이 멋졌다고 그토록 입에 침이 마르도록 자랑했던 장관을 직접 보지 못하고, 안내자가 제시한 그림만 보며 상상하려니 답답해 속이 터졌다. 대학 일정으로 절경을 보지 못하고 돌아서려니 안타까워 모두 발을 동동 굴렀다.

내가 타워 브리지에 관심을 가졌던 또 다른 이유가 있다. 두 개의 고풍스러운 타워 사이에 다리를 들어 올리는 빅토리아 양식의 도개교(개폐교)가 있다는 것이다. 이것은 1886년~1894년 사이에 건설됐다. 도개교를 매단 두 개의 탑은 런던탑과의 조화를 위해 고딕 양식으로 지어졌고 높이가 50m인 철골 탑이다. 다리를 들어 올리기 위해 엔진이 아닌 모터를 사용하고 있었다. 교량이 어떻게 열렸다 닫혔다 하는지 궁금해서 꼭 보고 싶었다. 다리가 들어 올려지는 데는 조건이 있다고 했다. 큰 배가 통과할 때만 들어 올려 지나갈 수 있도록 했단다. 템스강 조수간만의 차이 때문에 세워진 것이고 일주일에 한두 번 정도 열린단다. 혹시나 행운이 오기를 기대했지만 아쉽게도 내가 갔던 날은 열리지 않아 섭섭했다.

어쩐 일인지, 템스강 관광을 끝냈는데도 마음이 개운치 않고 뒷맛이 씁쓸했다. 대학 계획에 따라 이동하다 보니 이 먼 나라에 와서 그 유명한 타워 브리지의 도개교 개폐도 보지 못했고, 방문객마다 아낌없이 감탄하는 교량의 황홀한 야경도 놓치고 말았다. 그런데 그냥 발길을 돌리려니 발이 떨어지지 않았다. 속속들이 제대로 살펴보지도 못하고 겉모습만 슬쩍 보았으니 이것은 실로 수박 겉핥기에 지나지 않았다. 이렇게 겉보기만 하고서, 황홀한 장관을 보았다고 친구를 만나 맞짱을 뜰 수 없어 너무 서운했다. 세계 명소를 방문하려면 치밀한 사전 계획이 있어야 함을 절감하면서 이 방문이 헛걸음인 듯해 진정 아쉬웠다. 불편한 마음을 달래려고 언젠가는 다시 꼭 와야겠다고 수없이 마음속으로 되뇌었지만 실천하지 못했다. 그래서인지 수십 년이 지난 지금도 TV 화면에 영국이 나타나면 안타까워 옛일을 그리며 아쉬움을 달래느라 애쓰곤 한다.

웨스트민스터사원, 빅벤, 국회의사당 탐방하기

웨스트민스터사원에 입장하려고, 긴 줄에 끼어 하염없이 한참을 기다렸다. 워낙 유명한 곳이라 그러려니 생각하니 조금도 지루하지 않았다. 각국에서 온 사람들의 다양한 모습, 그들의 표정과 행동을 살펴보는 것 또한 흥미롭고 재미있었다.

중세 상징인 스테인드글라스가 무지개색으로 눈부시도록 빛나는 건물. 그 웅장함에 매혹되어 설레던 나는 어느 사이엔가 혼을 빼앗긴 듯 멍하니 바라보기만 했다. 바로 그때 더욱 나를 아찔하게 하는 일이 벌어졌다. 갑자기 눈이 부셔 앞을 가렸다. 도저히 눈을 뜰 수가 없었다. 도대체 무슨 일이 일어난 것일까. 눈 앞에 펼쳐진 뜻밖의 장관에 놀라, 나는 물론 줄지어 섰던 사람들은 박수로 환호했다. 햇살이 사원에 비쳐 반사되어 찬란한 빛을 발하고 있었다. 사원의 이처럼 놀라운 광경을 볼 수 있었던 것은 행운이며 축복이었다. 관광객들은 모두 복 받았다고 자찬까지 하며 기쁨을 나누었다. 이 광경을 가슴속 깊이 간직하고파, 잠시도 눈을 떼지 않고 넋을 잃은 채 눈앞의 장관을 놓칠세라 뚫어지게 보았다. 그것은 황홀함 그 자체였다.

거대한 건물 규모와 세련된 건축 양식을 극대화하기 위해, 수많은 사람이 몇십 년간 피나는 노력을 쏟았으리라. 지나간 역사이지만 온 힘을 다해 애썼던 그들에게 찬사를 보내며 아울러 연민도 느껴졌다. 또한 조상이 정성껏 건축한 사원에 왕(여왕)과 전설적 위인들을 안장한 후, 후손이 역사 유적을 지금까지 보존해 온 것은 소중한 정신이며 그들만이 고유한 전통이라 생각됐다. 그런데 내가 이 웅장한 건물을 보면서 '아, 대단하다'라는 말 한마디를 무심하게 던지며 관람하는 태도는 왠지 그 위대한 유적을 소중하게 취급하지 않는 듯해 미안했다.

한 시간이 지나서야, 몸이 다소 지친 채로 사원 내부로 들어갔다. 사원 내부의 웅장함 때문인지 아니면 무덤이 많은 탓인지 나는 겁에 질려 피로감도 싹 사라졌다. 사원 내부는 무덤이 즐비해 있어 복잡했다. 영국 역대 위인들이 묻혀 있는 장소라 정성껏 설치한 실내 장식은 특히 눈길을 끌었다. 천장을 화려하게 장식해 무덤이란 생각 없이 관광할 수 있었다. 통행로가 너무 좁아서 한 줄로 죽 줄지어 지나가야 했다. 친절한 안내자의 도움으로 천년의 영국 역사를 돌아볼 수 있었다. 이곳에는 찰스 디킨스, 이삭 뉴턴과 같은 전설적 인물의 무덤도 있었다. 건물 내부는 촬영이 금지되어 그 장엄함을 눈으로만 보는 것은 아쉬웠다. 천 년간 영국 정치사의 중심지인 이곳에는 삼천여 명 유명 지사가 안장되어 있다고 했다. 국가를 위해 헌신한 유명인을 천 년이 넘도록 이 사원에 모셔 그들의 넋을 받들어 온 정성과 정신은 놀라워 말문이 막혔다. 무엇보다도 나를 감동케 한 것은, 무명지사의 무덤이 정문 앞 중앙에 싱싱한 꽃으로 장식되어 안치되어 있었다. '인간은 평등하다.'라는 정신을 실천하려는 모습에 잔잔한 감동도 받았다. 이 사원은 1987년 유네스코 세계유산에 등재되었다.

사원 분위기에 듬뿍 빠져 들떠 있는 흥분을 가라앉히고, 바로 뒤편 템스강 주변에 있는 국회의사당과 빅벤으로 향했다. 사원에서도 볼 수 있었지만 조금 더 자세히 보기 위해 발길을 옮겼다. 섬세하고 화려한 이 두 건물은 눈길을 끌었다. 영국인이 그 건물을 런던의 랜드마크라고 자랑하는 이유를 알만했다. 이곳도 역시 중세 건물의 상징인 첨탑이 하늘을 향해 높이 솟아 있었다. 그 당시에는 첨탑 없는 건물을 상상할 수 없었나 보다. 건축 설계의 참뜻과 시대 배경은 알 수 없었지만 그들의 순수하고 심오한 신앙심을 표현하고 싶어 많은 첨탑을 세웠다고 여겨졌다.

빅벤은 웨스트민스터사원 북쪽에 있는 시계탑 별칭이다. 영화에서 자주 보았던 빅벤을 보러 가까이 갔다. 엄청나게 크고 눈부시도록 아름다워 시계라기보다는 예술 작품이었다. 시민에게 시간을 알리려고 이 거대한 시계를 제작·설치했다니 놀라웠다. 강변을 걸어오는데 때마침 빅벤에서 종소리가 울렸다. 사람들은 종소리에 맞춰 자기 시계를 확인했다. 빅벤은 시민의 벗처럼 느껴졌다.

  빅벤의 공식 명칭은 '엘리자베스 타워'이며 1859년에 세워졌다. 영국 의회가 엘리자베스 2세 즉위 60주년에 맞춰 이 명칭을 정했다. 시계 밑에 라틴어로 된 글귀가 새겨져 있었는데 뜻을 몰라 그냥 지나갔다. 무슨 뜻일까 계속 궁금했다. 후에 알고 보니 그 글귀는 '주여, 빅토리아 여왕을 구원해 주소서.'였다. 그 글귀를 생각하면서 영국인이 나라를 다스리는 여왕을 깊이 존경하고 사랑한다는 것을 알게 되었다. 우리에게는 다소 거리감이 느껴지고, 변하는 시대 흐름에도 맞지 않은 그들의 정신세계가 흥미로웠다. 반면에 시대의 흐름을 따르면서도 그네들이 지켜왔던 군왕을 섬기고 존중하는 여유로운 삶의 태도에 신뢰가 느껴지기도 했다.

 ## 왕세자빈 다이애나와 발레 지젤

다이애나의 세기적 결혼(1981. 07. 29.) 후 10년이 지나서 나는 영국에 갔다. 운 좋게도 런던에서는 발레 지젤이 공연되고 있었다. 무더운 날씨에도 나는 긴 줄에 끼어 런던극장 앞에서 한 시간이 넘도록 기다렸다. 고국에서도 관람치 않던 발레를 런던에서 보니 엉뚱스럽지만, 인파가 줄지어 있어 유명한 발레인 것 같아 좋았다. 한편으로는 왜 그 발레가 유명할까 궁금해지기도 했다

동화책에 나온 신데렐라처럼 소녀 때 꿈이 실현됐다고 부러움을 샀던 다이애나. 그녀의 왕팬인 나는 영국에 간 것만으로도 흥분되고 설레었다. 그런데 어찌 이런 일이 있을까. 내 기대와는 달리 다이애나는 깊은 고통의 수렁에 빠져 있다는 사실을 알게 되었다. 찰스 3세와 다이애나 왕세자빈의 불화설이 떠돌고 있어 불안하고 슬퍼졌다. 왕실이 다이애나를 따돌려, 그녀는 왕실에 적응 못 하고

외톨이가 됐단다. 국민도 조심스럽게 그들의 불안한 삶을 걱정하고 있었다.

　왕실을 염려하고 있는 국민을 위로하려는 듯, 런던에서는 애달픈 발레 지젤이 성황리에 공연됐다. 다이애나의 고통스러운 처지를 함께하려는 깊은 뜻이 있어 보였다. 그뿐만 아니라, 위엄과 안위만을 중요시하는 왕실이 경각심을 일으키도록 하려는 뜻도 있는 듯했다. 나도 그네들과 마음을 함께 나누고 싶었다.

　마침내 실내등이 꺼지더니 무대 한쪽에서 시골 아가씨가 폴짝폴짝 뛰면서 춤추며 나왔다. 그녀의 움직임은 예술가의 혼이 담겨 새로 태어난 생명체의 움직임이었다.
　무대 다른 편에서 시골 청년(로이스)으로 가장한 귀족(알프레히트)이 춤을 추며 나타났다. 구애의 춤을 열렬히 추더니 그녀의 사랑을 얻었다. 놀랍게도 청년 신분이 폭로되고, 지젤은 숨겨둔 약혼녀(공주)의 존재를 알게 되어 슬픔에 빠졌다. 지젤은 순수한 사랑이 받아들여지지 않자 분노와 괴로움으로 삶을 포기하려 했다.

　안타깝게도 지젤은 그녀의 사랑이 좌절되자 죽음을 택하고 말았다. 무희들은 온몸에 혼을 깃들여, 사랑 기쁨 분노 절망을 승화시켜 춤추었다. 무덤에서 귀신이 나타나 청년을 괴롭힌다던가, 청년이 지젤의 죽음에 슬프고 애달파하는 춤을 추어 지젤의 죽음에 슬퍼하는 관객을 위로하고자 했다. 춤에 매료된 나와 관객은 순식간에 발레 속으로 빠져들었지만, 단지 위로하는 형태의 춤으로는 상처받은 관객의 마음을 완전히 풀어줄 수는 없었다. 지젤을 속이고 유혹하여 그녀를 죽게 한 사실은 그대로 남아 있었다. 관람하는 내내 발레에 몰두해 눈물을 흘렸어도, 지젤의 죽음으로 상처받은 관객의 마음은 쉽게 풀리지 않았다. 만일 우리 현실 삶에서 죽음 후에 참회가 이루어진다면 무슨 소용이 있겠는가 하는 생각이 밀려왔다.

왕세자와 다이애나가 갈등 속에 있는 시기에 맞추어 런던에서 발레 지젤이 공연된 일은 심상치 않아 보였다. 찰스 3세를 올바른 길로 이끌어 다이애나와의 불화설이 해결되고, 특히 다이애나에게 냉혹한 왕실을 깨우치려는 뜻도 있어 보였다. 전통적으로 늘 오만했던 왕실이 의지를 갖고 개인 존재를 소중히 여겨 사랑의 숭고함을 인정해야 했다. 국민도 그것이 이루어지기를 간절히 기원했으리라.

연극에서도, 현실에서도 사랑의 결말을 죽음으로 결론 맺고 싶지 않았다. 나는 작가의 의도가 궁금해졌다. 관객에게 자극적인 감동을 주려고 발레의 결말을 죽음으로 끝낸 것일까, 아니면 왕실과 왕세자에게 국민의 감정을 알려 왕세자가 다이애나와 정상적인 가정생활을 하도록 이끌려는 의도가 있었나. 이런저런 상상을 하느라 혼돈에 빠져 헤매다가 불현듯 엉뚱한 생각이 떠올랐다. 발레 지젤은 영국 왕실에도 무시무시한 일이 일어날지도 모른다고 암시하는 듯한 끔찍스러운 예감이 떠올라 오싹해졌다.

안타깝게도 몇 해 지나 왕세자빈 다이애나에게는 참혹한 죽음이 닥쳤으니 그 발레가 예견이라도 했나 하는 황당한 생각도 들었다. 그녀의 죽음은 영국 국민에게는 물론 전 세계에도 큰 아픔을 주었다.

나는 발레의 마지막 장면을 작가와는 달리 매듭짓고 싶었다. 발레에 몰입해 관람했는데 죽음으로 끝을 맺으니 허망하고 안타까웠다. 주인공의 죽음으로 관객은 황망해진 가슴을 달래느라 무진 애를 써야만 했다. 영국 현실 상황과 비슷한 내용이어서 왕실에는 경각심을 일으키는 데는 도움이 됐을 수도 있었다. 그러나 국민에게는 안타까움만을 남겼으리라. 마지막 장면에서 사랑의 역경을 물리치고 남녀 무희가 두 손을 맞잡고 꽃길을 밟으며 춤추었다면 관객은 훨씬 가벼운 마음으로 극장 문을 나설 수 있다고 여겨졌다. 힘난한 현실에서 살아가려고 애쓰는 현대인에게 슬픔보다는 기쁨과 희망을 주었으면 하는 아쉬움이 컸다. 현실적으로 어려운 삶을 뚫고 나갈 용기를 주는 결말이었다면 훨씬 좋았을 것이다.